笑死了！
刷了1400年的大唐诗人朋友圈 2

诗意文化 著

北京联合出版公司
Beijing United Publishing Co.,Ltd.

图书在版编目（CIP）数据

笑死了！刷了1400年的大唐诗人朋友圈.2/诗意文化著.—北京：北京联合出版公司，2021.5（2024.2重印）
ISBN 978-7-5596-5161-7

Ⅰ.①笑… Ⅱ.①诗… Ⅲ.①诗人–生平事迹–中国–唐代 Ⅳ.①K825.6

中国版本图书馆CIP数据核字（2021）第053515号

笑死了！刷了1400年的大唐诗人朋友圈.2

作　　者：诗意文化　　　　出版监制：辛海峰　陈　江
出 品 人：赵红仕　　　　　产品经理：毕　帅
责任编辑：牛炜征　　　　　特约编辑：丛龙艳
封面设计：主语设计　　　　版式设计：诗意文化
插画设计：夏吉安

北京联合出版公司出版
（北京市西城区德外大街83号楼9层　100088）
北京联合天畅文化传播公司发行
天津丰富彩艺印刷有限公司印刷　新华书店经销
字数 82千字　880毫米×1230毫米　1/32　6.25印张
2021年5月第1版　2024年2月第9次印刷
ISBN 978-7-5596-5161-7
定价：45.00元

版权所有，侵权必究
未经书面许可，不得以任何方式转载、复制、翻印本书部分或全部内容。
如发现图书质量问题，可联系调换。质量投诉电话：010-88843286/64258472-800

序 言

如何生动有趣地向大众传播古诗词,解读古诗甚至文学史,是我在2013年运营"诗词世界"公众号之后经常思考的问题。

一直以来,我们的中小学语文教材、大学文学史教材,以及各种诗词选本、诗人传记、诗人年谱、文学理论著作,都比较严肃,甚至有点刻板。不能说正儿八经的严肃风格不好,教材和学术著作确实需要严谨,但我总觉得在这之外也要有一些更加生动有趣的诗词传播媒介和内容,让青少年接受起来不至于吃力,让成人读起来也津津有味。

幸好,随着诗词类电视节目的兴起,以及各种诗词类新媒体账号的出现,我们越来越多地发现,诗词其实也是可以以各种活泼的方式来呈现的。在《中国诗词大会》的舞台上,在《经典咏流传》的歌声里,在戴建业教授的"塑料普通话"中,我们发现,诗词可以是鲜活的、生动的、亲切的。

我和我的团队,多年来也做过各种尝试,比如开发"挑战古诗词"和"网络诗词大会"网络小游戏,组织"跟着诗词去旅行"线下游学活动,创作有趣的诗词类文章和短视频。这些都收到了不错的效果,我们以"诗词世界"为主的新媒体矩阵,几年下来获得了数百万的忠实"粉丝"。

但我们觉得还不够，我们还要继续尝试。于是，经过整整一年的努力，我们创作了这本《大唐诗人朋友圈》。我们想通过大家熟悉的"微信朋友圈"（含群聊、对话）的形式，用生动有趣的文字、表情和漫画，以时间为脉络，向大家讲述大唐诗人的生平趣事，以及他们代表诗作的创作背景。

作为全球第一本以微信朋友圈形式呈现的书，我们在内容创作、版式设计方面，都没有经验可借鉴，一切只能靠团队自行摸索，反复尝试和修改。其间，因为发生了新冠肺炎重大疫情，我们这个身处武汉的创作团队，在长达三四个月的时间里，只能居家办公，通过线上沟通。也正因以上种种原因，本书肯定还存在不尽如人意处，希望读者诸君批评指正。

当然，我们也尽了最大努力来保证这本书的品质。形式新颖，文风幽默，是我们在形式上的尝试；史料准确，逻辑自洽，是我们在内容上的追求。对于这本书，我们的定位是，一本形式新颖、文风幽默、内容靠谱的另类唐代诗人传记、唐诗发展史书。我们希望这本书，不但生动有趣，而且尽量不犯错误，让读者在阅读中既能捧腹大笑，又能掌握正确的诗词知识和文学史观。

如果这本书能够得到大家的喜欢，我们将备感荣幸和鼓舞，并将继续创作《大宋词人朋友圈》等更多"朋友圈"系列图书。希望大家能多多支持，把本书推荐给更多喜欢诗词的家人、朋友、同学，也欢迎大家能到"诗词世界"公众号与我们互动。希望大家能在轻松愉悦中，学好诗词，了解诗人，掌握历史。

魏无忌
诗意文化传媒&"诗词世界"公众号创始人

大唐诗人朋友圈主创团队成员

魏无忌 策划、主笔

师同安 编辑、统筹

叶顶 统筹

三哥还在 主笔、文案

叶寒 主笔、文案

怡萱 设计、漫画

詩意文化

我·们·诗·意·有·文·化

目录

第一章 韩愈："硬核"人生，我为自己代言 …… 1
一、悲催的童年，艰辛的仕途 …… 4
二、为自己代言，也为朋友代言 …… 15

第二章 孟郊、贾岛：一寒一瘦为诗狂 …… 35
一、郊寒 …… 38
二、岛瘦 …… 50

第三章 白居易：半生居易，一世乐天 …… 65
一、初登仕途 …… 68
二、贬谪江州 …… 80
三、隐居洛阳 …… 90

第四章 刘禹锡、柳宗元：朋友一生一起走 …… 97
一、"大唐诗坛CP"评选活动 …… 100
二、朋友一生一起走 …… 103
三、有些人从不会走，因为有人挂念着 …… 116
四、守护最好的友情 …… 123

目录

第五章 晚唐诗人：夕阳无限好，何必近黄昏 … 127
 一、晚唐诗人特别采访记 …… 130
 二、"小李杜" …… 136
 三、唐诗的落幕 …… 150

番外篇：大唐诗人群之群主之争 … 157
 一、这年头谁还不会点功夫？…… 159
 二、颜值高低自有公论 …… 163
 三、深情的未必不是渣男 …… 168
 四、男人之间的情感，也许更真 …… 173
 五、唯好诗与美酒不可辜负 …… 176
 六、当官还是归隐，这是一个问题 …… 181
 七、做诗人，梦想还是要有的 …… 184

参考文献 …… 192

第一章

韩愈:"硬核"人生,我为自己代言

"文起八代之衰，道济天下之溺，忠犯人主之怒，而勇夺三军之帅"，这是宋代大词人苏轼对韩愈的评价。

韩愈的一生，是在不断摔跟头，不断爬起，不断折腾中度过的。一岁丧母，三岁丧父，十三岁长兄去世；成年后考科举，三考进士不中；中进士后三考博学宏词科又不中；终于踏上了仕途，又因刚直木讷的性格，屡屡得罪人，在一个又一个政治旋涡中备受打击。

他悲伤过、愤怒过、抱怨过，乃至绝望过，但最终他仍选择勇敢面对。短暂的五十七载辰光，他把自己活成了一个"斗士"，越挫越勇；活成了一个"逗比"，用诙谐幽默来抵挡人生的一切寒风冷雨。

而对于朋友，他无论是在得意时还是失意时，无论是为民时还是为官时，都是倾心付出和尽力提携的。在韩愈身边，永远有一群真诚的朋友跟着他，仰仗着他，也维护着他。这一点，他比李白、杜甫都做得好。李、杜，求人多于助人；而韩愈，一生都在护着他的朋友。

如果唐代有微信，并且我们能加韩愈为好友，也许可以看到他那不断"折腾"而越发"硬核"，为自己也为朋友"代言"的一生。

韩愈关系图

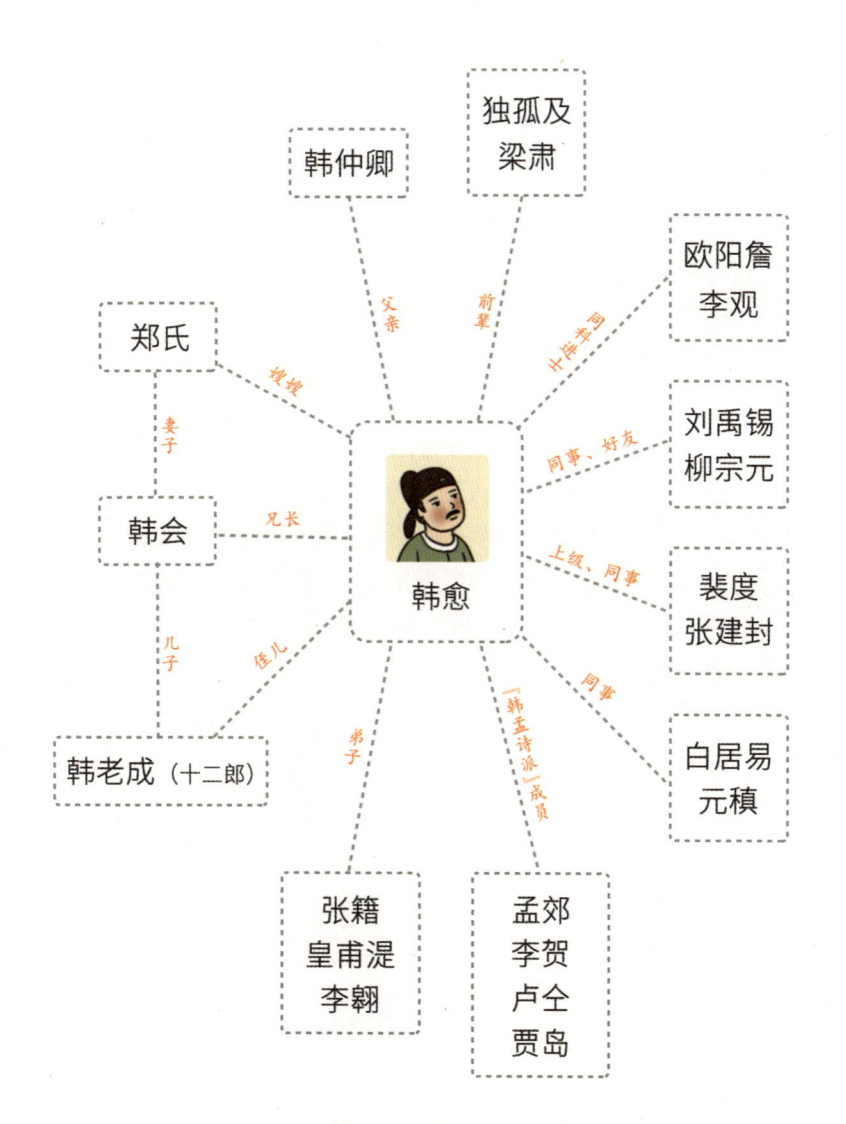

- 韩仲卿（父亲）
- 独孤及 梁肃（前辈）
- 欧阳詹 李观（十年举同）
- 刘禹锡 柳宗元（同事、好友）
- 裴度 张建封（上级、同事）
- 白居易 元稹（同辈）
- 孟郊 李贺 卢仝 贾岛（"韩孟诗派"成员）
- 张籍 皇甫湜 李翱（弟子）
- 韩老成（十二郎）（侄儿）
- 韩会（兄长）
- 郑氏（嫂嫂）——妻子——韩老成（儿子）

一、悲催的童年，艰辛的仕途

唐玄宗天宝十四年（755年），安史之乱爆发。那一场动乱有如平地忽起的飓风，将往昔的盛世繁华一并摧毁。在唐玄宗携着杨贵妃仓皇逃离长安后，玄宗第三子李亨登临帝位，是为唐肃宗，中唐的帷幕由此拉开。

这一时期，王昌龄、王维、李白、高适、杜甫……盛唐时代的这些诗坛巨星，在短短十余年内相继离世，消失在历史的长河之中。

时代的动乱，诗人的凋零，让曾谱写了盛唐光辉的唐诗也无可避免地走向了衰落。中唐的诗坛，亟须一股新鲜血液，让这个诗歌的国度再次蓬勃活力起来。

唐代宗大历三年（768年），安史之乱结束的第五年，韩愈在河南河阳（今河南孟州）出生了。数十年后，他与孟郊等人组建了强大的"韩孟诗派"，并与柳宗元发起了一场轰轰烈烈的古文运动，同白居易、元稹发起的"新乐府"运动一起，让大唐的诗坛再次焕发出了勃勃生机。

说起韩愈的身世，颇有可叙之处，李白曾作《武昌宰韩君去思颂碑并序》，高度赞扬韩父韩仲卿，并列举韩家祖辈的显赫。然而祖上的荣光，韩愈一点也没感受到，他的童年可用悲惨来形容：一岁丧母，三岁丧父，十三岁长兄去世……即便如此，韩愈却在年少时展现出了刚强的性格。

朋友圈

韩愈

今天嫂嫂说我该上学堂了，得起个好名字。我一琢磨，我大哥名"会"，二哥名"介"，都是"人"字作头的，那我就叫"愈"好了。愈，超越也。我长大后，一定要做出一番大事业，前超古人，后无来者。

河南河阳

♡ 韩会，郑氏，乳母，韩老成

乳母：愈儿棒棒哒！👍
郑氏：还是愈儿聪明，嫂嫂看好你哟！👍
韩愈 回复 郑氏：我莫不是个天才？😎
韩会 回复 韩愈：天才个鬼，《千字文》读完了吗？
韩愈 回复 韩会：早读完了，这不得亏老兄你教得好吗？
韩会 回复 韩愈：别给我戴高帽啊！等我回家可要考你！🌶
韩老成：老叔，为啥你可以自己取名字？不公平。😤

> 韩愈有三位兄长，大哥韩会，二哥韩介，三哥未及命名便夭折。

> 乳母，韩愈乳母，自小哺育他。她去世时，韩愈作《乳母墓志》。

> 郑氏，韩会妻子，在韩会去世后，郑氏独自照顾韩愈和韩老成。

> 韩老成，韩愈侄子，韩介之子，后过继给了韩会，韩愈《祭十二郎文》中的十二郎。

📢 韩愈的科举之路也相当悲惨：19岁赴京，连考四次，26岁才中进士。不过，这也不坏，唐德宗贞元八年（792年），因为中进士的二十三人都是当时最杰出的人才，其中三人后来官至宰相，因而当年榜单在历史上被称为"龙虎榜"，而韩愈结识了其中诸多俊杰。

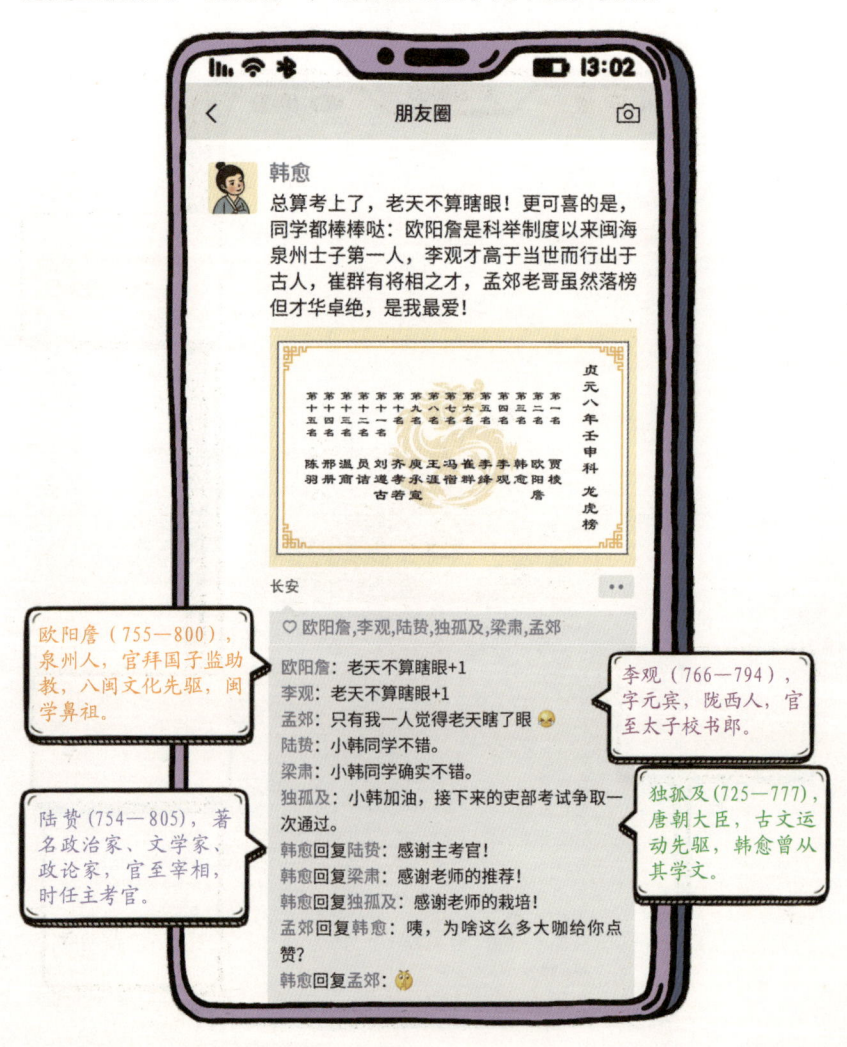

韩愈

总算考上了，老天不算瞎眼！更可喜的是，同学都棒棒哒：欧阳詹是科举制度以来闽海泉州士子第一人，李观才高于当世而行出于古人，崔群有将相之才，孟郊老哥虽然落榜但才华卓绝，是我最爱！

> 贞元八年壬申科 龙虎榜
> 第一名 贾棱
> 第二名 陈羽
> 第三名 欧阳詹
> 第四名 韩愈
> 第五名 李观
> 第六名 崔群
> 第七名 冯宿
> 第八名 王涯
> 第九名 李绛
> 第十名 庾承宣
> 第十一名 齐孝若
> 第十二名 刘遵古
> 第十三名 温商
> 第十四名 邢羽
> 第十五名 陈羽

长安

♡ 欧阳詹，李观，陆贽，独孤及，梁肃，孟郊

欧阳詹：老天不算瞎眼+1
李观：老天不算瞎眼+1
孟郊：只有我一人觉得老天瞎了眼 😭
陆贽：小韩同学不错
梁肃：小韩同学确实不错
独孤及：小韩加油，接下来的吏部考试争取一次通过。
韩愈回复陆贽：感谢主考官！
韩愈回复梁肃：感谢老师的推荐！
韩愈回复独孤及：感谢老师的栽培！
孟郊回复韩愈：咦，为啥这么多大咖给你点赞？
韩愈回复孟郊：🙊

欧阳詹（755—800），泉州人，官拜国子监助教，八闽文化先驱，闽学鼻祖。

李观（766—794），字元宾，陇西人，官至太子校书郎。

陆贽（754—805），著名政治家、文学家、政论家，官至宰相，时任主考官。

独孤及（725—777），唐朝大臣，古文运动先驱，韩愈曾从其学文。

韩愈："硬核"人生，我为自己代言 7

📢 一大帮同学里，只有老大哥孟郊（比韩愈大十七岁）没有考上，见其心情低落、满腹牢骚，韩愈非常同情，写了一首诗劝慰他。

> 孟郊科考失利，作《长安道》《长安旅情》《长安羁旅行》《夜感自遣》等大量愤懑之作。

> 自开元十九年（731年）起，科考及第后不能立即做官，只是获得了做官的资格，需要参加吏部考试才会被授予官职。

朋友圈

韩愈
孟郊老哥出身贫寒，但才华卓绝，诗写得好，还特别勤奋，日夜苦吟，是我这么多年来在京认识的人中最佩服的一个，简直是偶像级大哥。一首《长安交游者赠孟郊》送给老孟，希望他开心。
长安交游者，贫富各有徒。
亲朋相过时，亦各有以娱。
陋室有文史，高门有笙竽。
何能辨荣悴，且欲分贤愚。

长安

♡ 韩老成,孟郊,李观

韩老成：偶像级大哥？难道比我爹生前还厉害？
韩愈回复韩老成：都是我哥，都很厉害，有机会介绍给你认识。
孟郊：多谢退之宽慰。我争取超过你，第三次考上进士。
韩愈回复孟郊：真没出息，我倒希望你第二次就考上！
李观回复孟郊：退之兄，革命尚未成功，咱们也须继续努力，等博学宏词科考过再骄傲！
韩愈回复李观：我老韩的实力你放心！

📢 老韩虽然有实力,但官还真不那么容易做。贞元九年(793年)至十年(794年),他连续两次参加吏部的博学宏词科考试都惨遭失败。而比他小五岁的柳宗元和小四岁的刘禹锡却同登进士第并轻松通过博学宏词科考试,成名更早的"留级生"韩愈心里很不是滋味。

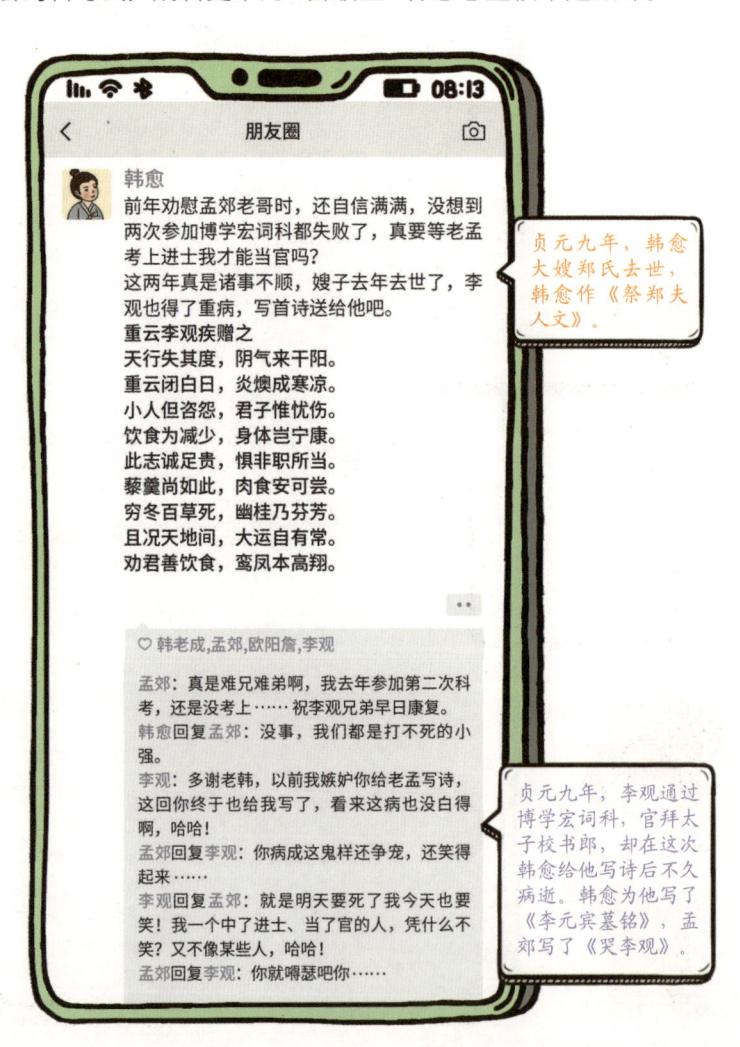

韩愈
前年劝慰孟郊老哥时,还自信满满,没想到两次参加博学宏词科都失败了,真要等老孟考上进士我才能当官吗?
这两年真是诸事不顺,嫂子去年去世了,李观也得了重病,写首诗送给他吧。
重云李观疾赠之
天行失其度,阴气来干阳。
重云闭白日,炎燠成寒凉。
小人但咨怨,君子惟忧伤。
饮食为减少,身体岂宁康。
此志诚足贵,惧非职所当。
藜羹尚如此,肉食安可尝。
穷冬百草死,幽桂乃芬芳。
且况天地间,大运自有常。
劝君善饮食,鸾凤本高翔。

♡ 韩老成,孟郊,欧阳詹,李观

孟郊:真是难兄难弟啊,我去年参加第二次科考,还是没考上……祝李观兄早日康复。
韩愈回复孟郊:没事,我们都是打不死的小强。
李观:多谢老韩,以前我嫉妒你给老孟写诗,这回你终于也给我写了,看来这病也没白得啊,哈哈!
孟郊回复李观:你病成这鬼样还争宠,还笑得起来……
李观回复孟郊:就是明天要死了我今天也要笑!我一个中了进士、当了官的人,凭什么不笑?又不像某些人,哈哈!
孟郊回复李观:你就嘚瑟吧你……

> 贞元九年,韩愈大嫂郑氏去世,韩愈作《祭郑夫人文》。

> 贞元九年,李观通过博学宏词科,官拜太子校书郎,却在这次韩愈给他写诗后不久病逝。韩愈为他写了《李元宾墓铭》,孟郊写了《哭李观》。

📢 贞元十一年（795年），韩愈第三次参加博学宏词科考试，仍然没考上。内心强大的他终于坐不住了，先后三次给宰相赵憬、贾耽、卢迈上书，自鸣不平，最后甚至骂将起来，却始终没有得到回应，极度失望的他只好离开长安。

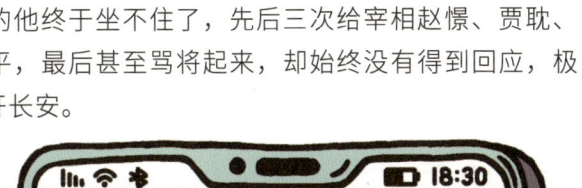

> 欧阳詹与韩愈同年进士，但直到贞元十五年（799年）才被授予"国子监四门助教"官职，比韩愈当官还晚三年。

> 关于韩愈在长安考试求官时的窘境，他后来在给李翱的信中说："仆在京城八九年，无所取资，日求于人，以度时日。"

朋友圈

韩愈
老天最终还是瞎了眼，可怜我饱读诗书，四考科举，三考博学宏词，竟得不了一官半职，甚至还比不了两只鸟……真是气死我了！罢了罢了，啥子也不说了，一篇《感二鸟赋》，希望当朝诸公转给皇帝看看！@赵憬 @贾耽 @卢迈

潼关

♡ 韩老成,孟郊,欧阳詹

孟郊：又没考上？真要等我吗？哈哈……对了，两只鸟是咋回事？
欧阳詹：同问，两只鸟是咋回事？
韩愈：半路见有使者喝退路人，提两只白色的乌鸦和八哥前往长安进献皇上。我们饱学之士尚且不能入朝，两只臭鸟倒能觐见皇帝，你们说这是什么世道？！
欧阳詹回复韩愈：这可真是人不如鸟啊！
孟郊回复欧阳詹：连你们考中进士的人都不如两只鸟，我还去考啥？
欧阳詹回复孟郊：谁说不是呢？我与退之考中进士都三年了，至今屁民一个……

📢 贞元十二年（796年）七月，韩愈转了运，被镇守汴州的宣武军节度使董晋赏识，出任观察推官。韩愈到任第二年，终于考中进士但同样还没官职的孟郊跑到汴州来找他玩。不久，李翱、张籍先后到来，"韩孟诗派"早期成员韩愈、孟郊、李翱、张籍初步"会师"。

> 韩孟诗派，以韩愈为领袖的诗歌创作流派，包括孟郊、贾岛、张籍、李翱、李贺、卢仝、马异、刘叉等，主张"不平则鸣"，崇尚"雄奇怪异"。

> 李翱（772—841），唐代思想家、文学家，从韩愈学古文，协助韩愈推进古文运动。

> 张籍（约766—830），唐代诗人，代表作《秋思》《节妇吟》《野老歌》，先与孟郊相识，后从韩愈学文，在汴州经韩愈推荐考中进士。

朋友圈

韩愈
最近心情不错，感觉又有了考中进士时的爽劲儿。倒不是因为当了个小小的观察推官，而是孟郊老哥来了，而且还认识了李翱和张籍这两位青年才俊。
张籍这人挺有意思，比我还大两岁，却要拜我为师。更搞笑的是，他崇拜杜甫，竟把老杜的诗抄在纸上烧成灰吃掉……在他面前我都不敢说我是"杜粉"了！😅

汴州

♡ 孟郊，欧阳詹，张籍，李翱

孟郊：小张确实刻苦，也跟我一样出身贫寒，你多罩着点他。
韩愈回复孟郊：必须的，你兄弟就是我兄弟！
张籍：惭愧惭愧，以后就跟着韩老师混了！
韩愈回复张籍：错！我们跟老孟混！他才是老大……
孟郊回复韩愈：年纪大有啥用？你虽然比我小，但名气大，能力强，好歹还是个芝麻大的推官，哈哈！
欧阳詹：看来人一当官，心情就会好起来……
韩愈回复欧阳詹：当年考进士，结识了你和老孟、李观，这次当推官又结识了李翱和张籍。看来以后还得当更大的官，哈哈！
欧阳詹回复韩愈：当更大的官，交更多的友！

📢 贞元十四年（798年）仲春，孟郊离开汴州南下。韩愈与张籍、李翱等人为他送行，互相赠诗。

韩愈
东野（孟郊）将南行，苦留不住，甚为伤感，为之践行，大醉，作诗一首，不知所云。
醉留东野
昔年因读李白杜甫诗，长恨二人不相从。
吾与东野生并世，如何复蹑二子踪。
东野不得官，白首夸龙钟。
韩子稍奸黠，自惭青蒿倚长松。
低头拜东野，愿得终始如驷蛩。
东野不回头，有如寸莛撞钜钟。
我愿身为云，东野变为龙。
四方上下逐东野，虽有离别无由逢。

汴州

♡ 韩愈,张籍,李翱,陆长源

孟郊：你果然是不知所云，什么我是龙你是云，退之兄，你才是龙啊，我老孟为云足矣！
张籍：酸了酸了。
李翱：酸了酸了。
欧阳詹：你俩组CP，让跟你们混的小张小李怎么想？
张籍：我负责端茶倒水！
李翱：我负责吆喝助阵！
陆长源：退之与东野之深情，已不下于李杜，真是令人羡慕。
孟郊回复陆长源：在汴州这段时间，多亏了陆兄照顾，在此拜谢。

> 陆长源(?—799)，韩愈同事，孟郊旧友，官至宣武军节度使行军司马，善书法，行书代表作《玄林禅师碑》。孟郊在汴州时主要依靠陆长源，两人酬唱甚多。

📢 好景不长,贞元十五年(799年)二月,宣武军节度使董晋逝世,军中哗变,汴州大乱,韩愈幸而安全离开,后携家避至徐州,被老熟人徐、泗、濠三州节度使张建封聘为推官。照说,张建封在韩愈有难之时收留他,于他有恩,然而,耿直的韩愈似乎并不买账。

> 张建封(735—800),中唐名臣,诗人,颇受唐德宗赞赏,镇守徐州十余年,加封检校尚书右仆射。慷慨尚武,礼敬文士。杜甫《别张十三建封》称他为故人(张玠)之子。

> 韩愈《上张仆射书》提出要张建封废除"晨入夜归"打卡上班的规定,《上张仆射第二书》谏阻张建封击马球,《汴泗交流赠张仆射》劝谏张建封应努力讨贼,不应沉湎于击马球。

张建封

张仆射,我又要给您上书了。

第一次给我上书是不想打卡上班,第二次是劝我不要打马球,这次又所为何事?

还是劝您不要打马球,您六十五了,要爱惜身体……

你是担心我身体?

我其实更担心战马。😡

📄 汴泗交流赠张仆射.docx
18.4 KB
微信电脑版

……当今忠臣不可得,公马莫走须杀贼。

对,仆射是难得的忠臣,战马是杀贼的利器,您天天打马球,万一人伤马死,怎么对得起天子和徐州百姓?

也罢,我接着听你的。

📢 尽管受到张建封礼遇，但幕府的推官毕竟不是朝廷正式任命的，韩愈在徐州闷闷不乐，经常写诗排遣郁闷。贞元十六年（800年）三月，韩愈实在受不了，便给孟郊写信，希望他来徐州。

> 与孟东野书.docx
> 18.4 KB
> 微信电脑版

> 退之兄想我了？

> 是啊，与老兄分别许久，甚是想念。我在徐州也一年了，这段时间你不在啊，我吹牛没人听，K歌没人陪，吃火锅都只一个人，太没意思了。又想到老兄你才高气清，一心以圣贤之道处世立身，却家无可耕之田，堂有早寡之母，混迹于浊世，失意于仕途，真让我伤感啊！

> 我苦惯了……不对，到底是想我还是可怜我？

> 当然是想你，想你来徐州陪我……

> 恐怕不行啊，我老母亲非要我去洛阳参加铨选，再不捞个一官半职，她老人家怕是不想活了。

（铨选，与博学宏词科类似，吏部选拔官员的一种考试。）

> 孟郊

> 也好,你去吧,我也想去,不能再给人做幕僚了。唉,真希望有一天能与你游乐江湖,终老于山林……

> 老韩,你可别说丧气话,你是要出将入相的人,与我游乐江湖、终老于山林不可能啊……对了,其他兄弟最近怎样?

> 欧阳詹在京师任国子监四门助教,去年我替张老板入京朝觐时,他还率领学生向朝廷请求任命我为国子监博士,真难为这兄弟了;李翱去年写信劝我入京,最近他与我侄女订了亲,应该会到徐州来,对了,他以后要叫我"叔"了,哈哈!另外,张籍在和州老家居丧,生活比较困难……

和州,今安徽和县,张籍是和州乌江人。

二、为自己代言，也为朋友代言

在徐州担任推官一年后，韩愈的第二任上司、节度使张建封去世，军中再次发生兵变，韩愈福大命大，再次躲过一劫，随后举家迁到洛阳。

两次推官的经历，让韩愈认识到，给节度使当幕僚是没有出头之日的，毕竟不是朝廷任命的正式官员。也许是受孟郊启发，他下定决心前往长安参加铨选，终于如愿以偿，当上了国子博士。

从34岁起，韩愈不再潦倒，他的名气越来越大，声望越来越隆，门生遍地，"韩孟诗派"正式形成。但他过得也不算顺利：不断遭忌，不断被贬，有时还要违心说好话，同时也不得不面对亲人、友人一个个离世。

这一颗心，经受风吹雨打后，反而越发坚韧。二十余年后，韩愈，已不再是年轻时的韩愈，而成了"硬汉韩愈"。

贞元十七年（801年），两次前往长安应铨选后，韩愈终于被任命为国子监四门博士。这是韩愈正式迈入仕途，他非常开心，次年便回洛阳接家眷入京。经过华阴县时，听说华山顶上有罕见的大莲花，韩愈便高兴地爬上去看。

韩愈
古意
太华峰头玉井莲，开花十丈藕如船。
冷比雪霜甘比蜜，一片入口沉疴痊。
我欲求之不惮远，青壁无路难夤缘。
安得长梯上摘实，下种七泽根株连。
呜呜呜，吓死宝宝了，华山实在太险，差点摔死！

华山

♡ 华阴县令,韩老成,孟郊,李翱,张籍

韩老成：老叔，您是不是脑子断弦了，什么时候变成宝宝了，喷喷！
韩愈回复韩老成：哼，你有意见吗？
韩老成回复韩愈：您都35了，快步入老年人行列了……
韩愈回复韩老成：俺，到死都是少年！😎
华阴县令：韩博士，您可太逗了，我本以为您是走高冷路线的，原来私下里竟是个呆萌。
韩愈回复华阴县令：咳咳，县令大人，谢谢你的救命之恩！
华阴县令回复韩愈：不用谢不用谢，您给我签个名就好。

《唐国史补》记载："韩愈好奇，与客登华山绝峰，度不可返，乃作遗书，发狂恸哭。"后惊动华阴县令，县令命人搭了梯子，又恐韩愈害怕，便将他灌醉，然后用毡子裹着韩愈将其扛下了山。

国子监是当时最高学府，下设国子学、太学、四门学、律学、算学、书学等六学，各学皆立博士。韩愈先后担任过四门博士、国子博士。

国子博士，相当于大学教授。在任期间，韩愈广收门徒，还发表了振聋发聩的《师说》，提出的"无贵无贱，无长无少，道之所存，师之所存""弟子不必不如师，师不必贤于弟子"等论调引起轩然大波。但韩愈似乎更在意别人说他靠写墓志铭发财。

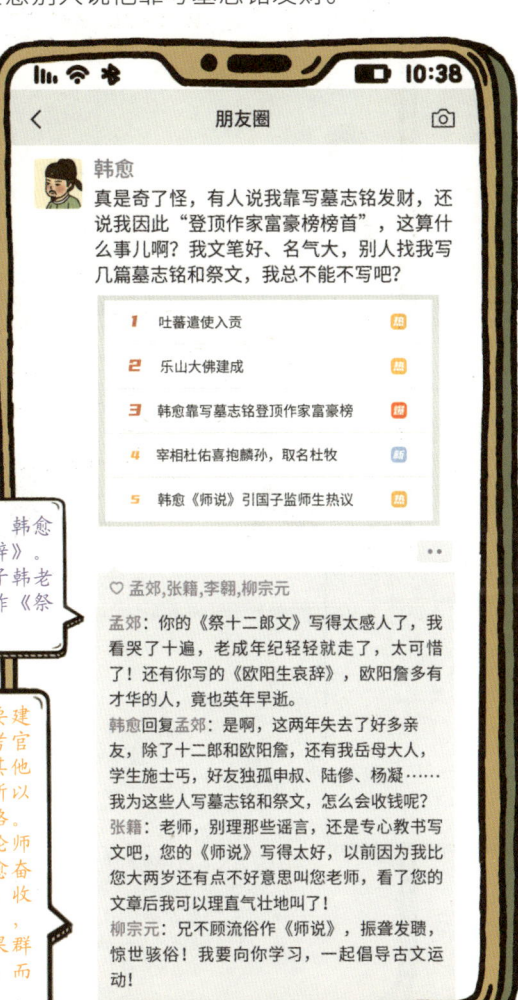

朋友圈

韩愈：真是奇了怪，有人说我靠写墓志铭发财，还说我因此"登顶作家富豪榜榜首"，这算什么事儿啊？我文笔好、名气大，别人找我写几篇墓志铭和祭文，我总不能不写吧？

1. 吐蕃遣使入贡　热
2. 乐山大佛建成　热
3. 韩愈靠写墓志铭登顶作家富豪榜
4. 宰相杜佑喜抱麟孙，取名杜牧　新
5. 韩愈《师说》引国子监师生热议　热

♡ 孟郊,张籍,李翱,柳宗元

孟郊：你的《祭十二郎文》写得太感人了，我看哭了十遍，老成年纪轻轻就走了，太可惜了！还有你写的《欧阳生哀辞》，欧阳詹多有才华的人，竟也英年早逝。

韩愈回复孟郊：是啊，这两年失去了好多亲友，除了十二郎和欧阳詹，还有我岳母大人，学生施士丐，好友独孤申叔、陆傪、杨凝……我为这些人写墓志铭和祭文，怎么会收钱呢？

张籍：老师，别理那些谣言，还是专心教书写文吧，您的《师说》写得太好，以前因为我比您大两岁还有点不好意思叫您老师，看了您的文章后我可以理直气壮地叫了！

柳宗元：兄不顾流俗作《师说》，振聋发聩，惊世骇俗！我要向你学习，一起倡导古文运动！

欧阳詹去世后，韩愈作《欧阳生哀辞》。后来，韩愈侄子韩老成去世，韩愈作《祭十二郎文》。

当时，师生关系主要建立在科举考试上，考官为师，考生为生，其他人不敢自言为师，所以韩愈的言论颇为出格。柳宗元《答韦中立论师道书》说："独韩愈奋不顾流俗，犯笑侮，收召后学，作《师说》，因抗颜而为师。世果群怪聚骂，指目牵引，而增与为言辞。"

📢 由于在京城名气越来越大，加之敢言，贞元十九年（803年）冬韩愈与柳宗元、刘禹锡一同被调入御史台担任监察御史。然而只过了两个月，韩愈却因为上《论天旱人饥状》，遭受谗言而被贬岭南。

韩愈
监察御史的职责不就是要监察百官、针砭时弊吗？京畿地区的旱灾那么严重，请皇上特敕京兆府停征今年税收，这有错吗？
唉，又要去岭南这个烟瘴之地了，大哥当年就是在被贬岭南任上病逝的……

♡ 孟郊，张籍，柳宗元，张署

张署：是啊，我们有错吗？有错吗？😤
张籍回复张署：我听说是京兆尹李实搞的鬼，他跟皇上说灾情不重，不用免税，结果您二位偏把灾情说得那么重，妥妥打了他的脸……
柳宗元：老兄，你不是还写信猛夸过李实吗？他怎么还整你？😳😳
韩愈回复柳宗元：子厚，做人要厚道……
孟郊：有人说，韩愈、刘禹锡、柳宗元同时担任监察御史，老韩年长急于立功才放这么一炮，结果遭到刘、柳排挤而被贬。我觉得这纯粹是污蔑，我相信你们的友情！
张籍：老师吉星高照，应该不会有事的，就当第二次岭南深度游吧……

> 李实，高祖李渊第十六子道王李元庆四世孙，时任京兆尹，颇受唐德宗宠信。韩愈担任监察御史前，为"追求进步"曾昧心给李实写信，把欺下瞒上、徇私枉法的李实吹捧成爱民如子的谦谦君子。

> 张署，韩愈御史台同事，同样因直言劝谏唐德宗减免关中徭赋，被贬南方，韩愈任连州阳山县令，张署任湖南临武县令。

> 关于韩愈被贬，韩愈也怀疑过刘禹锡和柳宗元从中作梗，这在他被贬后写的《赴江陵途中寄赠翰林三学士》一诗可以看出来："同官尽才俊，偏善柳与刘。或虑语言泄，传之落冤雠。二子不宜尔，将疑断还不。"

📣 贞元二十一年(805年)，唐德宗李适驾崩。唐顺宗李诵即位后，在王伾、王叔文、刘禹锡、柳宗元等人支持下发起"永贞革新"，但仅八个月就被宦官势力逼迫，退位禅让给太子李纯（唐宪宗）。宪宗元和元年(806年)，韩愈被召回长安，担任权知（暂代）国子博士。

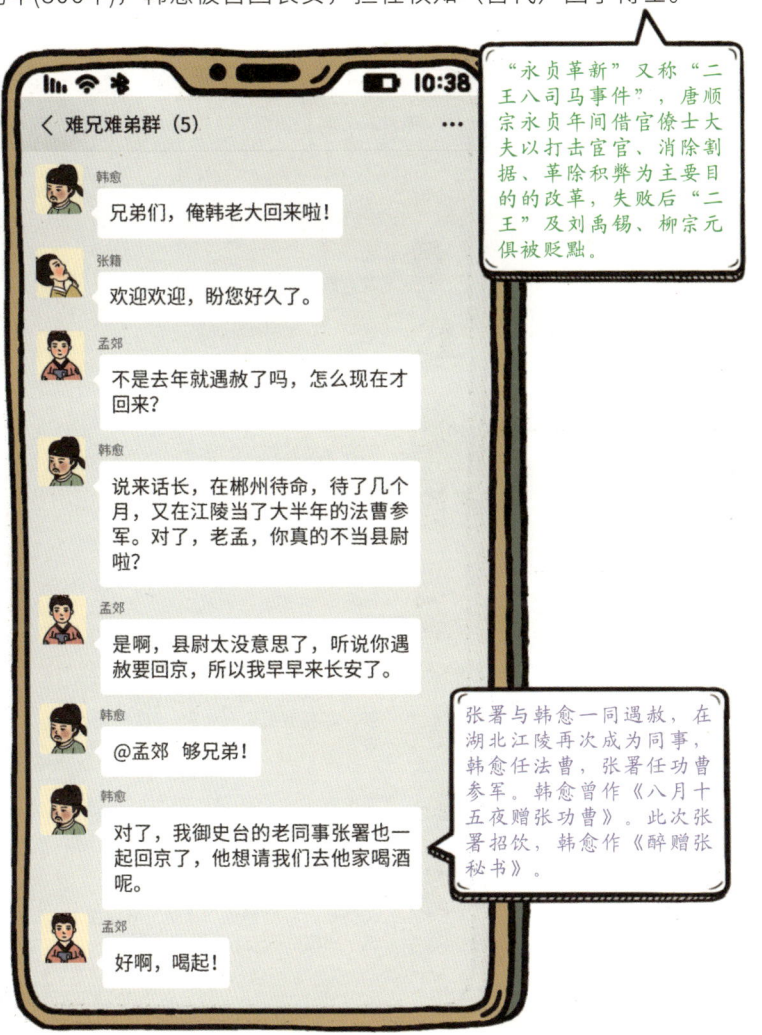

> "永贞革新"又称"二王八司马事件"，唐顺宗永贞年间借官僚士大夫以打击宦官、消除割据、革除积弊为主要目的的改革，失败后"二王"及刘禹锡、柳宗元俱被贬黜。

难兄难弟群（5）

韩愈：兄弟们，俺韩老大回来啦！

张籍：欢迎欢迎，盼您好久了。

孟郊：不是去年就遇赦了吗，怎么现在才回来？

韩愈：说来话长，在郴州待命，待了几个月，又在江陵当了大半年的法曹参军。对了，老孟，你真的不当县尉啦？

孟郊：是啊，县尉太没意思了，听说你遇赦要回京，所以我早早来长安了。

韩愈：@孟郊 够兄弟！

韩愈：对了，我御史台的老同事张署也一起回京了，他想请我们去他家喝酒呢。

孟郊：好啊，喝起！

> 张署与韩愈一同遇赦，在湖北江陵再次成为同事，韩愈任法曹，张署任功曹参军。韩愈曾作《八月十五夜赠张功曹》。此次张署招饮，韩愈作《醉赠张秘书》。

20 笑死了！刷了1400年的大唐诗人朋友圈2

自从回到长安，韩愈与孟郊经常在一起写小诗喝大酒，过了半年愉快的生活。元和二年（807年），因受宰相郑𬘩器重而被人中伤，韩愈为求自保，请求分司东都洛阳避祸，开始在洛阳正式担任国子博士，还一度担任河南令。在这里，他周围聚集了一大批诗人，形成了"韩孟诗人群"。

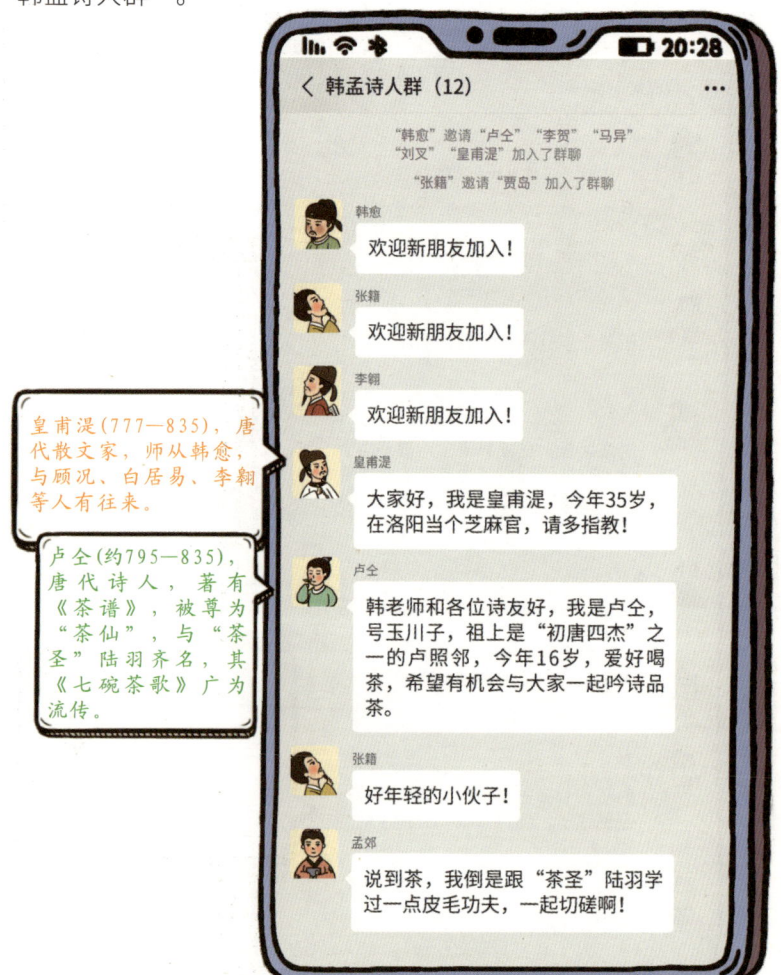

韩孟诗人群（12）

"韩愈"邀请"卢仝""李贺""马异""刘叉""皇甫湜"加入了群聊
"张籍"邀请"贾岛"加入了群聊

韩愈：欢迎新朋友加入！

张籍：欢迎新朋友加入！

李翱：欢迎新朋友加入！

皇甫湜：大家好，我是皇甫湜，今年35岁，在洛阳当个芝麻官，请多指教！

卢仝：韩老师和各位诗友好，我是卢仝，号玉川子，祖上是"初唐四杰"之一的卢照邻，今年16岁，爱好喝茶，希望有机会与大家一起吟诗品茶。

张籍：好年轻的小伙子！

孟郊：说到茶，我倒是跟"茶圣"陆羽学过一点皮毛功夫，一起切磋啊！

> 皇甫湜(777—835)，唐代散文家，师从韩愈，与顾况、白居易、李翱等人有往来。

> 卢仝(约795—835)，唐代诗人，著有《茶谱》，被尊为"茶仙"，与"茶圣"陆羽齐名，其《七碗茶歌》广为流传。

韩愈:"硬核"人生,我为自己代言　21

> 李贺(约791—约817),唐代著名诗人,有"诗鬼"之称,代表作《雁门太守行》《李凭箜篌引》。

> 马异,唐代才子,生卒年不详,与皇甫湜、卢仝交好。

> 刘叉,唐代诗人,生卒年不详,代表作有《偶书》:"日出扶桑一丈高,人间万事细如毛。野夫怒见不平处,磨损胸中万古刀。"

韩孟诗人群 (12)

李贺
我是李贺,字长吉,今年20岁,听韩老师说他给大家介绍过我的《雁门太守行》,请大家多指教!

张籍
读过读过,写得真好!"黑云压城城欲摧,甲光向日金鳞开……"

韩愈
李长吉就是个天才,但是因为父亲名叫晋肃,"晋"与"进"犯嫌,而不得举进士,非常可惜,我曾作《讳辩》文章帮他辩解,可惜没有起作用。

李贺
嗯,不当官也好,自由自在。

马异
我是皇甫湜的同学马异,喜欢写诗,请多指教!

刘叉
我是刘叉,喜欢写诗,请多指教!

贾岛
我是贾岛,当和尚时法名无本,刚刚还俗,喜欢韩老师、孟老师的诗,请大家多指教!

22　笑死了！刷了1400年的大唐诗人朋友圈2

> 贾岛(779—843)，唐代著名诗人，人称"诗奴"，与孟郊并称"郊寒岛瘦"。

〈 韩孟诗人群（12）

孟郊
贾岛兄弟诗不错，风格跟我挺像，真正的苦吟诗人，诗跟人长得一样瘦。

贾岛
郊寒岛瘦，请东野兄多指导！

孟郊
还是请老韩指导，他是我们的精神领袖和形象代言人；我呢，就做个知心大哥，哈哈！

韩愈
大家别客气，我们都是出身贫寒之人，诗风和诗歌理念又都比较接近，大家多多切磋，互帮互助！

元和六年（811年），韩愈回到长安，先后任尚书职方员外郎、国子博士、比部郎中、史馆修撰等职，过了几年闲适的官场生活。元和九年（814年）八月，他最亲密的好友孟郊去世了！

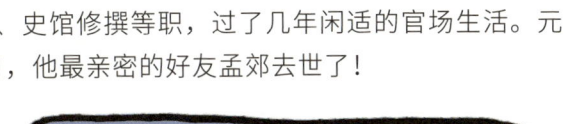

> 孟郊前往陕西前有诗赠韩愈，韩愈作《江汉答孟郊》。

> 郑余庆(745—820)，唐朝宰相。曾对韩愈文章大加赞赏，令韩愈闻名一时。晚年兼任河南尹时受韩愈所托，招孟郊在河南任职。元和九年，郑余庆晋升检校右仆射，兼任兴元（今陕西汉中）尹，招孟郊任参军。孟郊在路上暴卒，后由郑余庆买棺殓葬。

朋友圈

韩愈：天哪，孟东野突染暴疾，去世了！😭太突然了，他临行前还给我写了诗，我给他的答作，估计他还没看到吧！老孟啊，你一路走好，愿你在天堂里安息，不再贫寒，不再运蹇，不再孤僻，不再寡欢……

李翱：沉痛哀悼东野兄！
贾岛：沉痛哀悼东野兄！
郑余庆：对不起啊，老韩，这事怪我啊，本来他在洛阳过得挺好的，是我想请他到兴元府担任参军，没想到他与夫人在路上突然发病，没几天就病逝了……
韩愈回复郑余庆：郑相说哪里话，老孟晚年能在洛阳任职，也是因了您的推荐，您如今兼任兴元府尹，能再次招他前往，足见您心里始终想着他。
郑余庆回复韩愈：唉，事因我起，他的后事还是我来处理吧。
张籍：我打算私下给老孟一个谥号，就叫"贞曜先生"。

📢 就在孟郊去世这一年,淮西发生兵乱,朝廷发兵进讨,久攻不克,主战的宰相武元衡、御史中丞裴度竟在上朝时被藩镇势力派遣的刺客行刺,一死一伤,震动朝野。唐宪宗大怒,命裴度接任宰相,另遣将讨伐吴元济。后来裴度亲往前线平叛。元和十二年(817年)七月,韩愈随军东征,担任行军司马。

朋友圈

韩愈
自安史之乱后,藩镇割据严重,尤其是蔡州,割据五十年,实为我大唐之患,不可不除。听说老朋友裴度要亲自去平定淮西之乱,我赶紧上表随其出征。先写两首诗壮壮行!

送张侍郎
司徒东镇驰书谒,丞相西来走马迎。
两府元臣今转密,一方逋寇不难平。

奉和裴相公东征途经女几山下作
旗穿晓日云霞杂,山倚秋空剑戟明。
敢请相公平贼后,暂携诸吏上峥嵘。

♡ 孟郊,贾岛,张籍,柳公绰,裴度

张籍:韩老师还会打仗?膜拜!
贾岛:韩老师注意安全啊!
裴度:老韩够意思,哈哈,一起杀贼立功!
韩愈回复裴度:裴相亲自出马,必定旗开得胜,杀了吴元济这叛贼!
柳公绰:可惜上次我出征没杀了这叛贼,但愿韩兄与裴相旗开得胜!
韩愈回复柳公绰:必须的!

安史之乱后,唐王朝藩镇四起,尤其是以蔡州(今河南驻马店汝南县)为治所的淮西,叛唐五十年。元和年间,淮西节度使吴少阳死,其子吴元济请自立,宪宗不许,吴元济便起兵造反,派兵四处劫掠,其他藩镇群起作乱。

裴度(765—839),唐代杰出政治家、文学家,因平叛有功,封晋国公,拜宰相,辅佐宪宗实现"元和中兴",荐引李德裕、李宗闵、韩愈等名士,重用李光颜、李愬等名将,还保护过刘禹锡等人。

柳公绰(765—832),唐朝名臣、书法家,柳公权之兄,官至兵部尚书。在鄂岳观察使任上参与平讨淮西吴元济之乱,韩愈曾作《与鄂州柳中丞书》鼓励。

当年冬，大将李愬乘雪夜攻入蔡州，一举俘获吴元济，淮西之乱终得平定。次年（818年）二月，唐宪宗封裴度为晋国公，升韩愈为刑部侍郎，并诏命韩愈撰写《平淮西碑》。

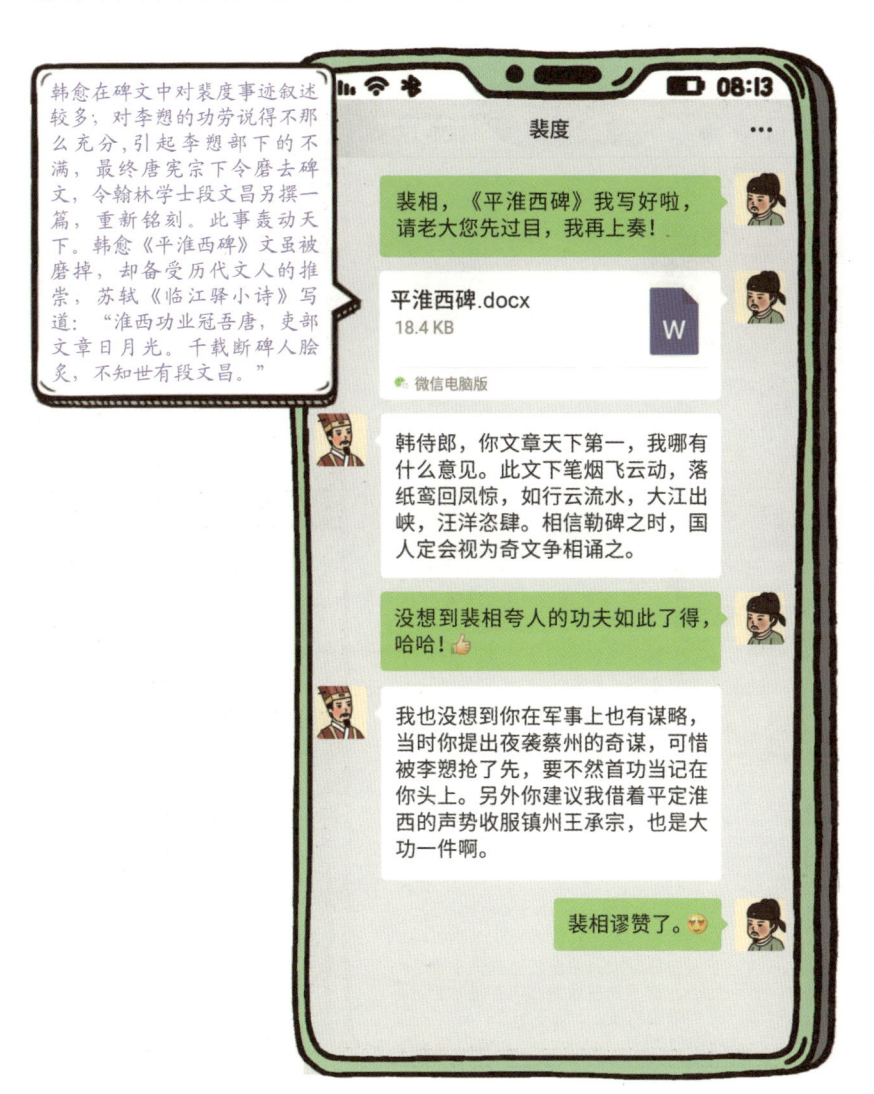

韩愈在碑文中对裴度事迹叙述较多；对李愬的功劳说得不那么充分，引起李愬部下的不满，最终唐宪宗下令磨去碑文，令翰林学士段文昌另撰一篇，重新铭刻。此事轰动天下。韩愈《平淮西碑》文虽被磨掉，却备受历代文人的推崇，苏轼《临江驿小诗》写道："淮西功业冠吾唐，吏部文章日月光。千载断碑人脍炙，不知世有段文昌。"

裴度

韩愈： 裴相，《平淮西碑》我写好啦，请老大您先过目，我再上奏！

韩愈： 平淮西碑.docx　18.4 KB　微信电脑版

裴度： 韩侍郎，你文章天下第一，我哪有什么意见。此文下笔烟飞云动，落纸鸾回凤惊，如行云流水，大江出峡，汪洋恣肆。相信勒碑之时，国人定会视为奇文争相诵之。

韩愈： 没想到裴相夸人的功夫如此了得，哈哈！👍

裴度： 我也没想到你在军事上也有谋略，当时你提出夜袭蔡州的奇谋，可惜被李愬抢了先，要不然首功当记在你头上。另外你建议我借着平定淮西的声势收服镇州王承宗，也是大功一件啊。

韩愈： 裴相谬赞了。😊

平定淮西诸藩镇后，唐王朝中央政府威望空前，出现中兴气象，史称"元和中兴"。唐宪宗有点飘了，开始沉溺于佛道，幻想长生不死。元和十四年（819年）正月，他派遣使者去凤翔迎佛骨，京城一时间掀起信佛狂潮。韩愈又放出了"惊天一炮"，上《论佛骨表》，极力反对。

大唐宰相群 (4)

唐宪宗（立志做太宗第二）
> 论佛骨表.docx
> 18.4 KB
> 微信电脑版

唐宪宗（立志做太宗第二）
> "佛骨为朽秽之物，信佛则运祚不长……"你们看看，韩愈这厮是要找死吗？

皇甫镈
> 皇上，韩愈居然如此不敬，当处极刑，以儆效尤！

崔群
> 不可！韩愈是说得过分了点，但罪不至死，请皇上息怒。

裴度
> 是啊，皇上，韩愈言语冒犯，惩罚是应该的。但一个人若非内怀至忠，怎么可能这样做？希望皇上宽恕他，从而不让群臣以后不再敢进谏。

唐宪宗（立志做太宗第二）
> 说我奉侍佛教过分，还可以宽恕。但说自东汉以来信奉佛教的天子都短命，这不是在诅咒朕吗？身为臣子胆敢如此狂妄，绝不可恕！

元和末年，裴度、崔群为相。崔群（772—832）与韩愈是同学，贞元八年"龙虎榜"进士。皇甫镈（?—820年），宪宗宠臣，忌惮忠臣，后牛李党争时与李逢吉等合势，罢免裴度与崔群，并勾结道人献长生药害死唐宪宗。

韩愈是极力倡导复兴儒学的，认为佛不过是一个不懂中国文化的夷狄而已，并且认为皇帝过度信佛会给国家带来灾难，所以不顾个人安危上表力谏。

韩愈:"硬核"人生,我为自己代言　27

📢 在裴度、崔群等大臣的苦心劝谏之下,唐宪宗才放弃了处死韩愈的念头,但还是把他贬到了千里之外的岭南任潮州刺史,并要求他即日赴任,不得耽搁。

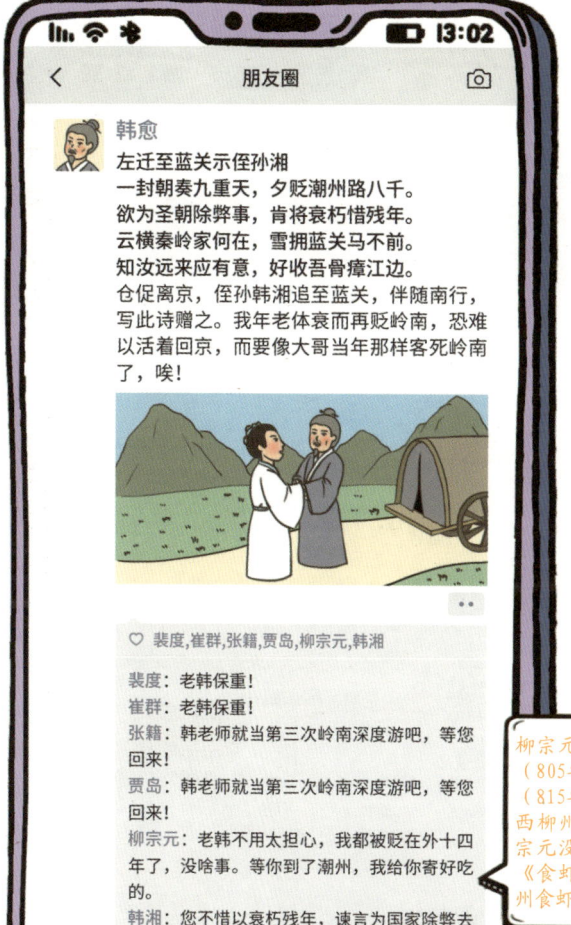

朋友圈

韩愈
左迁至蓝关示侄孙湘
一封朝奏九重天,夕贬潮州路八千。
欲为圣朝除弊事,肯将衰朽惜残年。
云横秦岭家何在,雪拥蓝关马不前。
知汝远来应有意,好收吾骨瘴江边。
仓促离京,侄孙韩湘追至蓝关,伴随南行,写此诗赠之。我年老体衰而再贬岭南,恐难以活着回京,而要像大哥当年那样客死岭南了,唉!

♡ 裴度,崔群,张籍,贾岛,柳宗元,韩湘

裴度: 老韩保重!
崔群: 老韩保重!
张籍: 韩老师就当第三次岭南深度游吧,等您回来!
贾岛: 韩老师就当第三次岭南深度游吧,等您回来!
柳宗元: 老韩不用太担心,我都被贬在外十四年了,没啥事。等你到了潮州,我给你寄好吃的。
韩湘: 您不惜以衰朽残年,谏言为国家除弊去害,却落得如此下场,真令我等亲人痛惜,以后您一定要好好爱惜自己,不要强出头了……

> 柳宗元在"永贞革新"失败后(805年)被贬永州,元和十年(815年)回京后又立即改贬广西柳州。韩愈到任潮州后,柳宗元没寄好吃的,倒是寄了首《食虾蟆》,韩愈作《答柳柳州食虾蟆》以答。

📢 韩愈虽然忠勇，但有时为了自救，他也不免屈服于现实。没当官时，他就一而再再而三上书宰相希望入朝为官；在国子监当博士时为了晋升也曾违心给李实写信。被贬潮州后，刚到任所，他就马上给唐宪宗上表，谢恩认罪，乞求原谅。

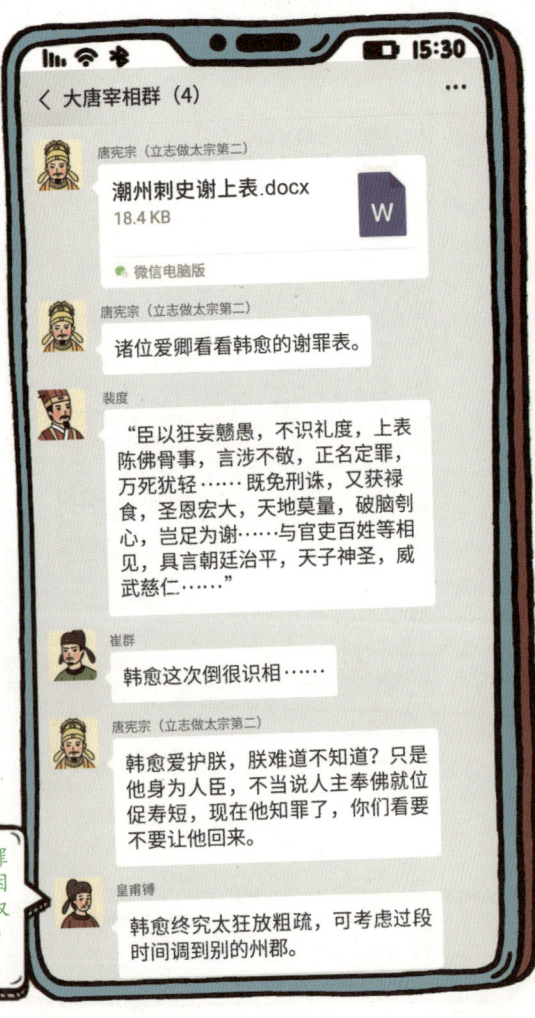

大唐宰相群（4）

唐宪宗（立志做太宗第二）
> 潮州刺史谢上表.docx
> 18.4 KB
> 微信电脑版

唐宪宗（立志做太宗第二）
> 诸位爱卿看看韩愈的谢罪表。

裴度
> "臣以狂妄戆愚，不识礼度，上表陈佛骨事，言涉不敬，正名定罪，万死犹轻……既免刑诛，又获禄食，圣恩宏大，天地莫量，破脑刳心，岂足为谢……与官吏百姓等相见，具言朝廷治平，天子神圣，威武慈仁……"

崔群
> 韩愈这次倒很识相……

唐宪宗（立志做太宗第二）
> 韩愈爱护朕，朕难道不知道？只是他身为人臣，不当说人主奉佛就位促寿短，现在他知罪了，你们看要不要让他回来。

皇甫镈
> 韩愈终究太狂放粗疏，可考虑过段时间调到别的州郡。

> 韩愈本来可能因为这封谢罪表很快被召回长安的，但因为皇甫镈的阻挠，他最后仅内调为袁州（今江西宜春）刺史。

韩愈："硬核"人生，我为自己代言 29

📢 当然，除了向皇帝请罪，韩愈在潮州也没闲着。他以戴罪之身，烧新官之火：驱除鳄鱼，兴修水利，赎放奴婢，兴办教育。八个月后，他调任袁州刺史而离开潮州时，百姓倾城出动，夹道相送，场面之感人空前绝后。

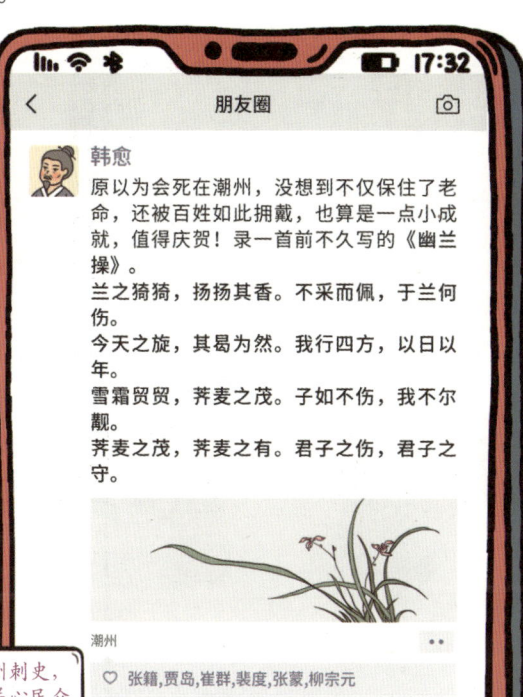

朋友圈

韩愈
原以为会死在潮州，没想到不仅保住了老命，还被百姓如此拥戴，也算是一点小成就，值得庆贺！录一首前不久写的《幽兰操》。
兰之猗猗，扬扬其香。不采而佩，于兰何伤。
今天之旋，其曷为然。我行四方，以日以年。
雪霜贸贸，荠麦之茂。子如不伤，我不尔觐。
荠麦之茂，荠麦之有。君子之伤，君子之守。

潮州

♡ 张籍,贾岛,崔群,裴度,张蒙,柳宗元

张籍：好诗，祝贺老师内调袁州！
裴度："不采而佩，于兰何伤"，佩服老韩的定性。
贾岛：你见，或者不见，我就在那里，不悲，不喜。
张蒙：祝贺退之兄，也佩服退之兄，你在潮州八个月，已成为岭南官场的大明星！
韩愈回复张蒙：端公过谦了，以端公之才，定有更好的前途。这段时间让你费心了！
柳宗元：退之兄，我近来病笃，不久将离人世，已写遗书给你和梦得……

> 张蒙，韶州刺史，在任期间关心民众疾苦，广修学校，颇受当地百姓拥戴。韩愈上任途中经过韶州，张蒙曾致信慰问。韩愈离任时，张蒙又致信祝贺，韩愈均作诗答谢。

> 元和十四年（819年）十一月，柳宗元在柳州病逝，病中曾致信刘禹锡和韩愈，托以编集抚孤之事。柳宗元灵柩北移时，韩愈派人祭吊，并作《祭柳子厚文》《柳子厚墓志铭》。

📢 公元820年一月,唐宪宗驾崩,穆宗即位,改为长庆元年。韩愈在袁州刺史任上被召入京任国子祭酒,同年又擢升为兵部侍郎。这时镇州发生了兵乱,韩愈奉命出使,千里入虎穴,凭借过人胆识不费一兵一卒便说服了乱军首领王庭凑,镇州之乱因此平息。

韩愈

当年南贬潮州,我以为有去无回;这次宣抚王庭凑,朝廷诸公也多以为我命休矣。没想到我福大命大,竟然不废一兵一卒,成功说服王庭凑,当浮一大白!

镇州

♡ 张籍,裴度,李翱,唐穆宗,元稹

唐穆宗:老韩不错嘛,忠勇可嘉,酒就由朕赐给你!

韩愈回复唐穆宗:谢谢老板!

元稹:万幸万幸!你走后我还跟皇上说你"可惜",以为你又要像当年颜真卿那样殉国了。

裴度:老韩不辱使命,又为朝廷立一大功,可喜可贺!

韩愈回复裴度:当年随你平定淮西之乱攒了点经验值,说来要敬你一杯,哈哈!

张籍:厉害了我的校长!对了,谢谢您上次推荐我当博士啊!

元稹(779—831),著名诗人,时任宰相。韩愈出发镇州后,元稹对唐穆宗说:"韩愈可惜!"唐穆宗也后悔,连忙派人前去阻止韩愈,但韩愈视死如归,慨然拒绝,继续前往。

唐德宗兴元元年(784年),德高望重的四朝老臣颜真卿(就是那个大书法家)奉旨劝降淮西节度使李希烈,李希烈威逼利诱,以宰相之职相许要颜真卿支持他称帝。颜真卿慨然拒绝,直呼逆贼,被缢杀身亡,震动朝野。

韩愈前一年在国子祭酒(相当于国立大学校长兼教育部长)任上荐张籍为国子博士(相当于教授)。

📢 长庆三年（823年）的一个春日，天气甚好，吏部侍郎韩愈春风得意，心情大好，突然想让弟子张籍陪他去春游。而比他年长两岁的张籍还只是水部（工部下设的一个司）的一名员外郎，天天加班忙得要死，便拒绝了他。

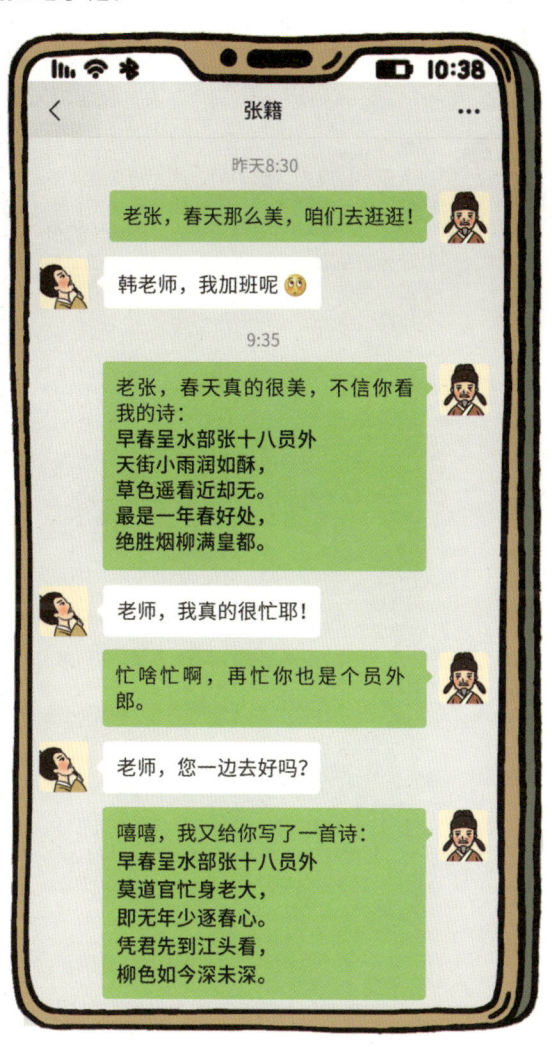

张籍

昨天8:30

> 老张，春天那么美，咱们去逛逛！

> 韩老师，我加班呢 🥺

9:35

> 老张，春天真的很美，不信你看我的诗：
> 早春呈水部张十八员外
> 天街小雨润如酥，
> 草色遥看近却无。
> 最是一年春好处，
> 绝胜烟柳满皇都。

> 老师，我真的很忙耶！

> 忙啥忙啊，再忙你也是个员外郎。

> 老师，您一边去好吗？

> 嘻嘻，我又给你写了一首诗：
> 早春呈水部张十八员外
> 莫道官忙身老大，
> 即无年少逐春心。
> 凭君先到江头看，
> 柳色如今深未深。

📢 长庆四年（824年）六月，韩愈突然病倒了，只好跟皇帝请假，在长安城南的庄园养病。这次，张籍倒是特地请了假来陪他。但到了十二月二日，韩愈还是走了，终年57岁。

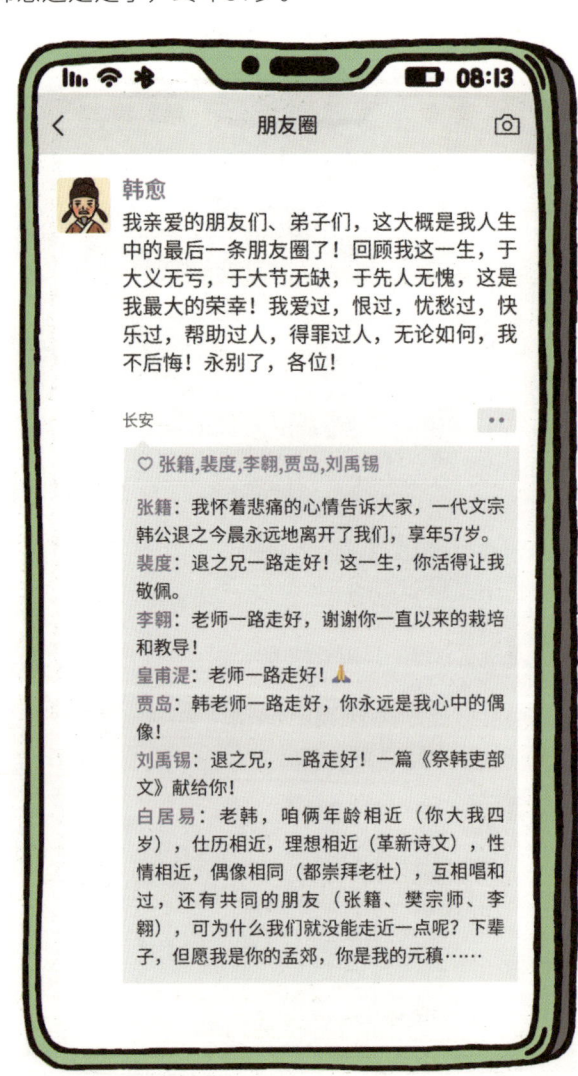

朋友圈

韩愈
我亲爱的朋友们、弟子们，这大概是我人生中的最后一条朋友圈了！回顾我这一生，于大义无亏，于大节无缺，于先人无愧，这是我最大的荣幸！我爱过，恨过，忧愁过，快乐过，帮助过人，得罪过人，无论如何，我不后悔！永别了，各位！

长安

♡ 张籍,裴度,李翱,贾岛,刘禹锡

张籍：我怀着悲痛的心情告诉大家，一代文宗韩公退之今晨永远地离开了我们，享年57岁。
裴度：退之兄一路走好！这一生，你活得让我敬佩。
李翱：老师一路走好，谢谢你一直以来的栽培和教导！
皇甫湜：老师一路走好！🙏
贾岛：韩老师一路走好，你永远是我心中的偶像！
刘禹锡：退之兄，一路走好！一篇《祭韩吏部文》献给你！
白居易：老韩，咱俩年龄相近（你大我四岁），仕历相近，理想相近（革新诗文），性情相近，偶像相同（都崇拜老杜），互相唱和过，还有共同的朋友（张籍、樊宗师、李翱），可为什么我们就没能走近一点呢？下辈子，但愿我是你的孟郊，你是我的元稹……

结语

韩愈走了！这一生，他从来没有停止过努力。努力从儿时父母双亡的阴影中走出去，努力从青少年屡次落第的挫折中走出去，努力从中年仕途的失落中走出去，努力从人生晚年的衰颓中走出去。

作为臣子，他性刚直敢谏，屡遭贬谪，而斗志常在，初心不改。他历任国子祭酒、监察御史、刑部侍郎等职位，政绩卓著，为百姓爱戴。

作为文人，他领导古文运动，被尊为"唐宋八大家"之首，"手持文柄，高视寰海"，"三十余年，声名塞天"，有"文章巨公""百代文宗"之名，流芳至今。

一生都在奋力挣扎，一生都在怀抱热望！这样的韩愈你爱了吗？

第二章
孟郊、贾岛：一寒一瘦为诗狂

在大唐诗人圈,如果说起惨,肯定就要说一说孟郊和贾岛,尤其苏轼那句"郊寒岛瘦",更是成了这两个人形象的标志。

也正是苏轼这句话,让这两个交集并不多的人成了大唐文学史上堪比李杜、王孟、元白、刘柳的赫赫有名的一个组合。

二人年纪相差了足足二十八岁,在仕途上也都没什么建树,按理说应该很难有什么交集。但神奇的是,千百年来,人们总是会把这两个人放在一起说。

或许,是因为他们都命途坎坷、一生穷苦。

或许,是因为他们都和当年的文坛领袖韩愈关系不错。

又或许仅仅是因为,他们都是那样穷得只剩下诗的"苦吟诗人",孟郊"一生空吟诗,不觉成白头",贾岛"一日不作诗,心源如废井",一生为诗成痴、成狂。

孟郊、贾岛关系图

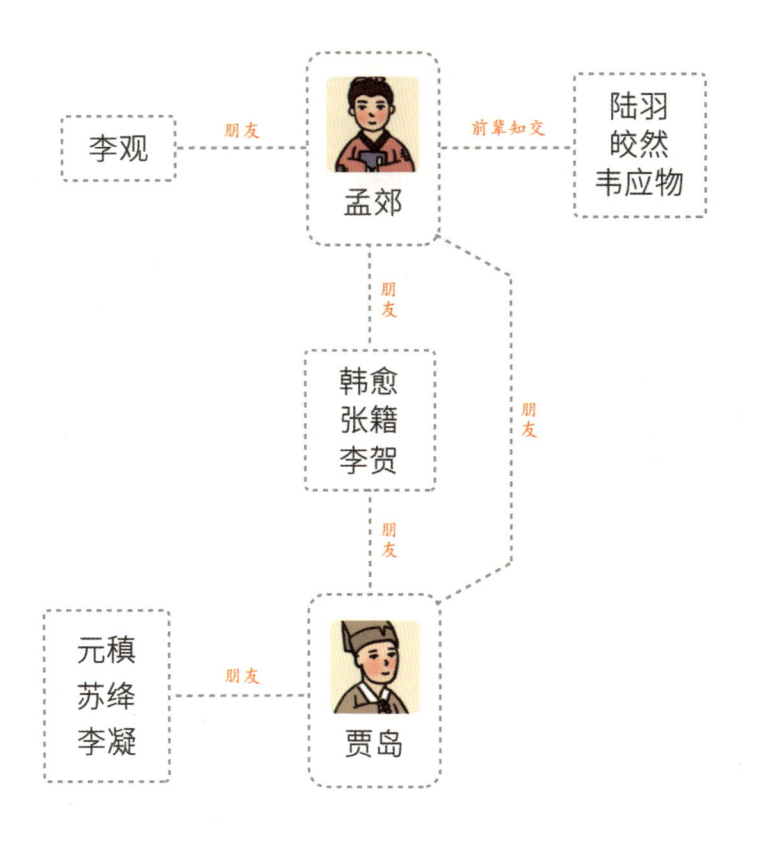

李观 —朋友— 孟郊 —前辈知交— 陆羽 皎然 韦应物

孟郊 —朋友— 韩愈 张籍 李贺

孟郊 —朋友— 贾岛

韩愈 张籍 李贺 —朋友— 贾岛

元稹 苏绛 李凝 —朋友— 贾岛

一、郊寒

"慈母手中线，游子身上衣。临行密密缝，意恐迟迟归。"（《游子吟》）

"昔日龌龊不足夸，今朝放荡思无涯。春风得意马蹄疾，一日看尽长安花。"（《登科后》）

单从这两首广为人知的诗来看，孟郊似乎并不是一个"寒""苦"之人。

然而，真实的孟郊，恰恰是中国文学史上罕见的穷困潦倒的著名诗人。

父亲早逝，为了不辜负母亲的期盼，乡试屡次不第的他早早离开家乡，甚至一度躲入深山。不惑之年回家，他仍然没有逃离母亲的期许。作为孝子，他只得又一次次与比他小二十几岁的年轻人一起参加考试。

终于在46岁考中进士，却依旧无法摆脱生活贫寒、到处依人的命运；好不容易得了个小官，还被上级撸了去；到了晚年，更是三个儿子一夕夭折；病死之时，只能依靠朋友收葬。这命运的悲苦，仿佛无穷无尽。

幸好，他还有诗歌。那一生的落寞与失意，都镌刻在诗句里，血泪间铸成不朽的模样！

📢 天宝十年(751年)，孟郊出生于湖州武康（今浙江德清）。父亲孟庭玢为昆山县尉，却早早去世。母亲裴氏独自抚养三个儿子，其中辛苦可想而知。孟郊身为长子，被母亲寄予厚望，从小被告诫长大后一定要博取功名挑起家庭重担。这给孟郊带来了巨大的心理压力。

朋友圈

孟郊
天哪，乡试又落第了！连续几年考试都惨遭失败，我就是个废物！父亲早逝，我作为长子而不能博取功名，承担家庭重任，又有何面目再面对辛劳的母亲和年幼的弟弟？唉，我还是离开家乡吧，实在是没脸再待下去了……

删除　　私密文字不能评论

> 屡次乡试失败后，孟郊心灰意冷，决定做个逃兵。但他又怕自己的消极会让母亲伤心失望，只好以外出求学的名义离开了家乡。

📢 离开家乡后，孟郊前往中原，一度在嵩山隐居，把自己完全封闭起来。直到三十多岁后，他才决定重新振作起来，开始访名师、交挚友。在返回江南的途中，他在信州（今江西省上饶市）寓居，拜访了比自己大十八岁的"茶圣"陆羽。

孟郊

陆公真不愧为一代茶圣，不但茶煮得好，还性情高洁，颇有隐士之风，真是可敬可佩！

题陆鸿渐上饶新开山舍
惊彼武陵状，移归此岩边。
开亭拟贮云，凿石先得泉。
啸竹引清吹，吟花成新篇。
乃知高洁情，摆落区中缘。

信州

陆羽：多谢东野题诗，你谬赞了！

孟郊回复陆羽：陆公，我可是真心佩服您，我也曾隐居嵩山，颇有隐逸之心。

陆羽回复孟郊：那等你回到湖州，我给你介绍个你的老乡，当今湖州诗坛盟主、诗僧皎然大师，他也是我师傅，诗、佛、茶三方面均造诣颇深。

孟郊回复陆羽：那太好了，我正担心回去一个认识的人都没有。

陆羽回复孟郊：我先教你点煮茶的功夫，茶可是个好东西……

> 陆羽（733—约804），字鸿渐，竟陵（今湖北天门）人，曾隐居江南，拜诗僧皎然为师。著有中国第一部《茶经》，被誉为"茶圣"。

> 皎然（约720—约805），吴兴（今浙江湖州）人，著名诗僧，谢灵运十世孙。在文学、佛学、茶学方面颇有造诣，是当时湖州诗人领袖。

孟郊、贾岛：一寒一瘦为诗狂　41

回到湖州后，孟郊在陆羽介绍下与皎然相识，加入湖州诗会。后来他又到苏州拜访了时任苏州刺史、同是湖州诗会成员的韦应物，与之有诗歌往来。

湖州诗会，是著名书法家颜真卿在任湖州刺史期间（772—777年）建立的诗人圈。安史之乱后，北方文士纷纷避乱南渡，外出游宦与应试的文人也大多返回故里，形成了以颜真卿为首的诗人群，颜真卿离开湖州后，以皎然影响力最大。

韦应物(约736—791)，著名山水田园诗人，曾为唐玄宗侍卫，安史之乱后折节读书，曾任滁州刺史、江州刺史、检校左司郎中，晚年担任苏州刺史，人称"韦苏州"。

朋友圈

孟郊
最近认识了苏州刺史韦应物大人，他的诗写得可真好，既有孤寂低沉的一面，也有清韵秀朗的一面，我最喜欢他的《滁州西涧》：春潮带雨晚来急，野渡无人舟自横。真是太好了，估计我一辈子都写不出这样意境的好诗。

♡ 陆羽,皎然,韦应物

皎然：韦大人的诗确实好，而且诸体皆擅，其山水田园诗成就更是直追我祖谢灵运公以及本朝王孟二公。
孟郊回复皎然：是啊，本来我写了一首《赠苏州韦郎中使君》，但不好意思发出来😊
韦应物回复皎然：皎然大师过奖，您不仅诗写得好，理论研究也棒棒哒，您的《诗式》《诗议》以及"重性情而尚自然"的主张，我都喜欢。
韦应物回复孟郊：东野不必自谦，你的诗也不差，假以时日当也有传世之作。
孟郊回复韦应物：谢谢韦大人，我加倍努力！

📢 虽然开始结交名流，且学问大有长进，但年届四旬、一贫如洗的孟郊似乎还没有真正走出青年时期屡考屡败的阴影，再也不敢去考试。他甚至在苏州乡下住了下来，又开始隐居。这可急坏了他的老母亲和一帮亲戚。

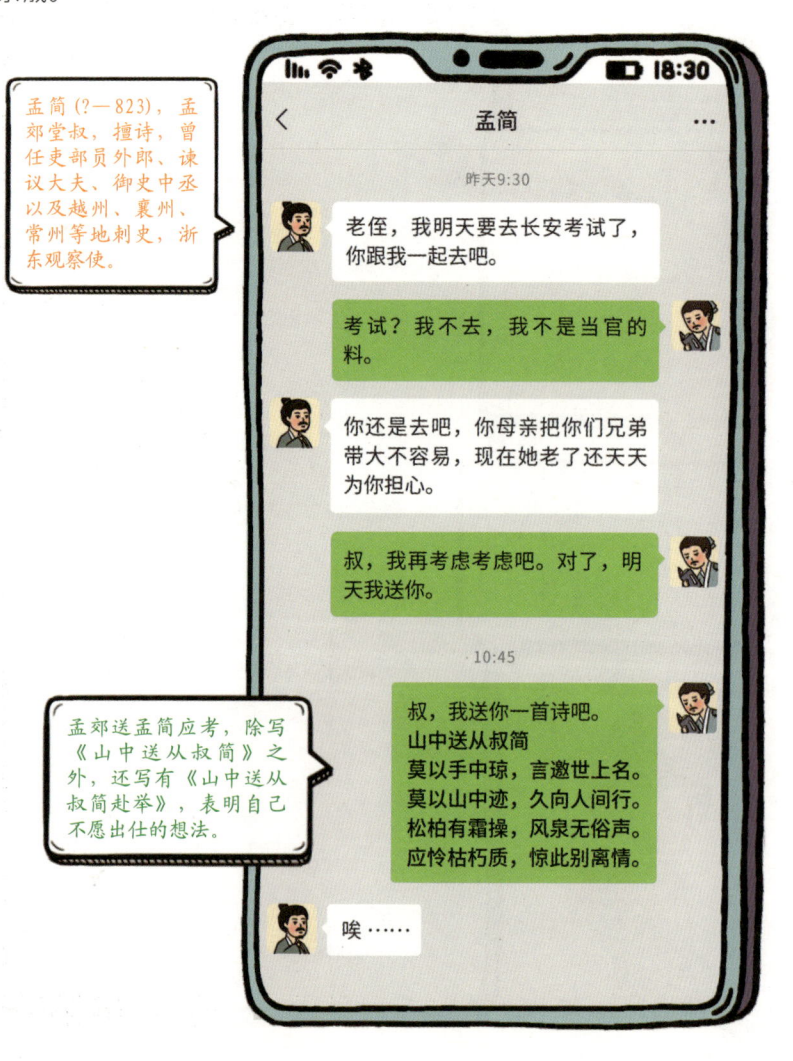

> 孟简(?—823)，孟郊堂叔，擅诗，曾任吏部员外郎、谏议大夫、御史中丞以及越州、襄州、常州等地刺史，浙东观察使。

孟简

昨天9:30

老侄，我明天要去长安考试了，你跟我一起去吧。

考试？我不去，我不是当官的料。

你还是去吧，你母亲把你们兄弟带大不容易，现在她老了还天天为你担心。

叔，我再考虑考虑吧。对了，明天我送你。

10:45

叔，我送你一首诗吧。
山中送从叔简
莫以手中琼，言邀世上名。
莫以山中迹，久向人间行。
松柏有霜操，风泉无俗声。
应怜枯朽质，惊此别离情。

> 孟郊送孟简应考，除写《山中送从叔简》之外，还写有《山中送从叔简赴举》，表明自己不愿出仕的想法。

唉……

贞元七年（791年），在母亲裴氏一次次的鼓励和期盼下，孟郊终于去了长安。只是，贞元八年（792年）这场科考的"龙虎榜"榜单上有25岁的韩愈、27岁的李观等人的名字，却没有42岁的孟郊的名字。

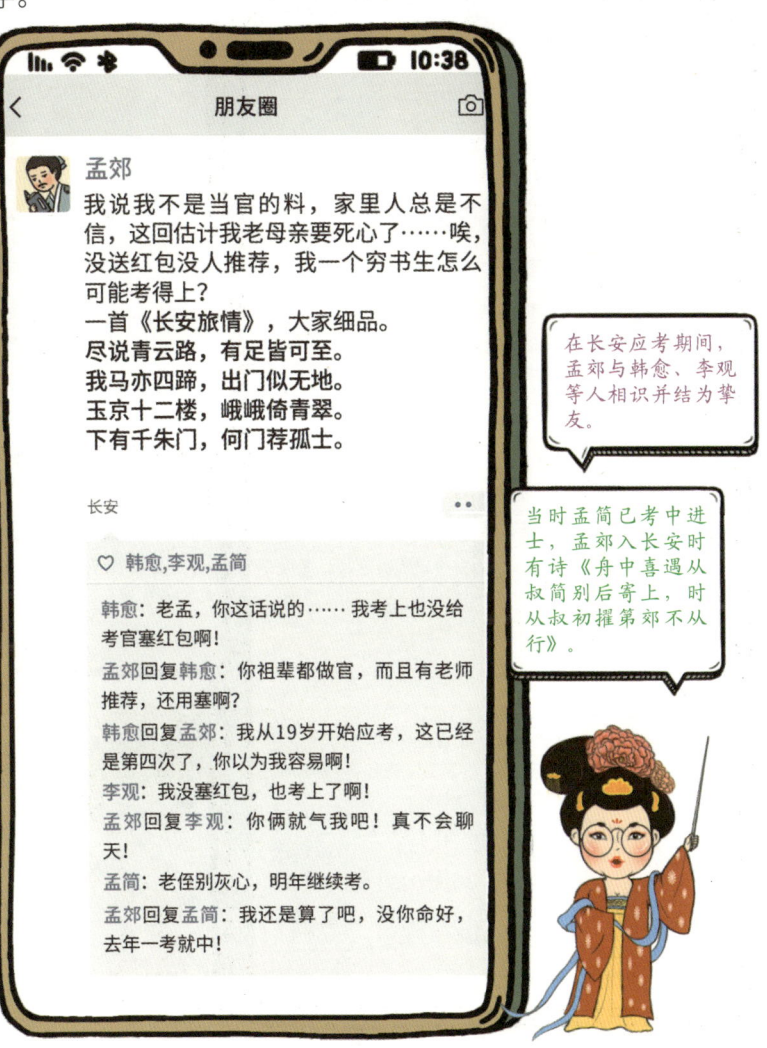

孟郊
我说我不是当官的料，家里人总是不信，这回估计我老母亲要死心了……唉，没送红包没人推荐，我一个穷书生怎么可能考得上？
一首《长安旅情》，大家细品。
尽说青云路，有足皆可至。
我马亦四蹄，出门似无地。
玉京十二楼，峨峨倚青翠。
下有千朱门，何门荐孤士。

长安

♡ 韩愈,李观,孟简

韩愈：老孟，你这话说的……我考上也没给考官塞红包啊！
孟郊回复韩愈：你祖辈都做官，而且有老师推荐，还用塞啊？
韩愈回复孟郊：我从19岁开始应考，这已经是第四次了，你以为我容易啊！
李观：我没塞红包，也考上了啊！
孟郊回复李观：你俩就气我吧！真不会聊天！
孟简：老侄别灰心，明年继续考。
孟郊回复孟简：我还是算了吧，没你命好，去年一考就中！

> 在长安应考期间，孟郊与韩愈、李观等人相识并结为挚友。

> 当时孟简已考中进士，孟郊入长安时有诗《舟中喜遇从叔简别后寄上，时从叔初擢第郊不从行》。

孟郊再三落榜，孟母却从不失望，而是鼓励他再接再厉。贞元九年（793年），孟郊在母亲鼓励下再次应考，可惜依然没考上。离开京城时，韩愈写了一首《孟生诗》送给他，孟郊看了热泪盈眶。

孟郊

孟生江海士，古貌又古心。
尝读古人书，谓言古犹今。
作诗三百首，窅默咸池音。
骑驴到京国，欲和熏风琴。
……

我一次次鼓起勇气，却一次次失败，连自己都不相信自己了，可韩愈老弟却如此看重我，他给我写的《孟生诗》，让我既感动又羞愧。这辈子，我认韩愈这个兄弟！

♡ 韩愈,李观,陆羽,孟简

李观：退之对东野兄可谓推崇备至啊，我记得他还给你写过一首《长安交游者赠孟郊》，我都嫉妒了，@韩愈什么时候给我也写一首啊。
孟郊回复李观：谁说他没给你写？他给我的《长安交游者赠孟郊》诗中就写到了你啊，"长安交游者，贫富各有徒"，我是贫者，你是富者；"陋室有文史，高门有笙竽"，陋室是我，高门是你……
李观回复孟郊：什么贫者，我看你是贫嘴。
韩愈回复李观：东野兄有大才而不得中进士，我是既佩服他，又为他鸣不平啊！
李观回复韩愈：也是，我看东野五言诗，佳处古人无出其右，即便是平平处，也不逊于谢灵运、谢惠连。

> 韩愈曾评价孟郊诗："唐之有天下，陈子昂、苏源明、元结、李白、杜甫、李观，皆以其所能鸣。其存而在下者，孟郊东野，始以其诗鸣。其高出魏晋，不懈而及于古，其他浸淫乎汉氏矣。"

> 李观曾评价孟郊诗："孟之诗，五言高处，在古无二，其有平处，下顾两谢。"

贞元十二年（796年），孟郊在母亲的要求下，又去长安考试。皇天不负有心人，46岁的他终于考中了进士。这次孟郊很幸运，朋友们不能再去气他一遍了；同时他也很不幸，因为有一个朋友再也不能去气他了……

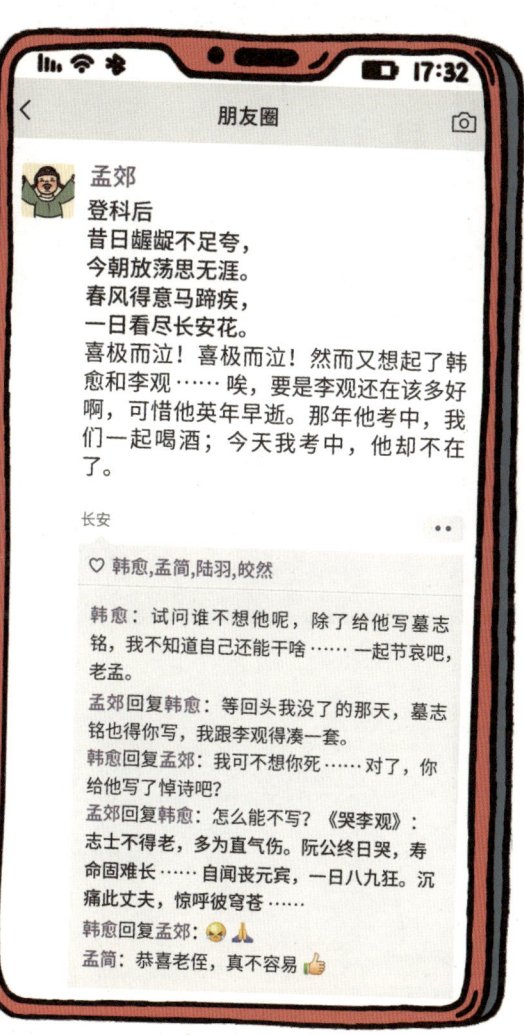

孟郊
登科后
昔日龌龊不足夸，
今朝放荡思无涯。
春风得意马蹄疾，
一日看尽长安花。
喜极而泣！喜极而泣！然而又想起了韩愈和李观……唉，要是李观还在该多好啊，可惜他英年早逝。那年他考中，我们一起喝酒；今天我考中，他却不在了。

长安

♡ 韩愈,孟简,陆羽,皎然

韩愈：试问谁不想他呢，除了给他写墓志铭，我不知道自己还能干啥……一起节哀吧，老孟。
孟郊回复韩愈：等回头我没了的那天，墓志铭也得你写，我跟李观得凑一套。
韩愈回复孟郊：我可不想你死……对了，你给他写了悼诗吧？
孟郊回复韩愈：怎么能不写？《哭李观》：志士不得老，多为直气伤。阮公终日哭，寿命固难长……自闻丧元宾，一日八九狂。沉痛此丈夫，惊呼彼穹苍……
韩愈回复孟郊：😭🙏
孟简：恭喜老侄，真不容易👍

📢 然而孟郊并没有"春风得意"太久,因为考中进士只是有了当官的资格,他并没有马上获得一官半职。就这样又蹉跎了数年,在他快50岁的时候,才终于得到朝廷任命,到溧阳去做县尉。

孟郊
常言道:"娘生儿,连心肉,儿行千里母担忧。"我都五十来岁的半大老头子了,这一去外地上任,家中老母亲还是千叮咛万嘱咐,生怕我在外面冻着饿着。做儿女的,真的不知道能如何报答父母的养育之恩。作一首《游子吟》,送给整日为我担忧的母亲。
慈母手中线,游子身上衣。
临行密密缝,意恐迟迟归。
谁言寸草心,报得三春晖。

溧阳

♡ 韩愈,裴氏,孟酆,孟郢

韩愈:老孟好品行,令人敬仰!
孟郊回复韩愈:说来惭愧,我这么大年纪了,还天天让老母亲担忧、牵挂……
裴氏:在外头一定得照顾好自己啊!
孟郊回复裴氏:嗯呐!您也得照顾好自己,爱您!
孟酆:哥,家里有我,一切放心。
孟郢:哥,家里有我,一切放心。
孟郊回复孟郢:你是属复读机的啊?

> 孟酆、孟郢,孟郊的两个弟弟。

虽然当了县尉,可孟郊本性不喜当官,到任后他常常跑出去饮酒作诗,荒废公务。县令很不满,安排人接管了他的工作并分走了一半俸禄。孟郊不得不离开溧阳。幸而在河南尹郑余庆推荐下,他得了个水陆运从事的差事,遂举家定居洛阳。

> **孟郊**
> 到洛阳后,有了工作,也住上了新房,以为能安享晚年了,谁知才过了两年,就遭遇了丧子之痛,痛何如哉,痛何如哉!
>
> 悼幼子
> 一闭黄蒿门,不闻白日事。
> 生气散成风,枯骸化为地。
> 负我十年恩,欠尔千行泪。
> 洒之北原上,不待秋风至。
>
> 杏殇九首其四
> 儿生月不明,儿死月始光。
> 儿月两相夺,儿命果不长。
> 如何此英英,亦为吊苍苍。
> 甘为堕地尘,不为末世芳。
>
> 洛阳
>
> 韩愈:东野兄,你节哀!
> 贾岛:孟前辈,节哀!
> 张籍:东野兄,保重!
> 郑余庆:东野节哀,身体要紧。

郑余庆(748—820),与韩愈等人相善,曾两度为相,晚年在河南、陕西等地为官。

48　笑死了！刷了1400年的大唐诗人朋友圈 2

📢 丧子之后第二年（809年），母亲裴氏也病逝，孟郊居家守丧。直至元和九年（814年），孟郊才被已经调任陕西的郑余庆举荐为兴元军参谋、大理寺评事。可悲的是，就在他前往兴元的途中，竟然一病而逝，这个命途多舛的老人，终究未能担任这个新的官职。

📷　　关注・**推荐**　　🧧 ➕

推荐　星座　同城　榜单　国际　➕

长安时报
25分钟前

#诗人孟郊去世# 据可靠消息，今年八月廿五（814年9月12日），即将赴任的兴元军参谋、大理寺评事孟郊，因病离世于阌乡，享年64岁。

据韩愈称，孟郊的葬礼正在筹备中，等灵柩运至老家，便开始葬礼。韩愈将亲自书写墓志铭，贾岛等人送上悼诗和花圈。

孟郊虽声名不显，但一直以来备受文学界推崇，与韩愈等文坛大家都是极好的朋友。他这一去，是我大唐文学界的一大损失。🧧🧧🧧

↗ 4869　　💬 7834　　👍 14.5万

> 阌乡，今属河南省灵宝市。

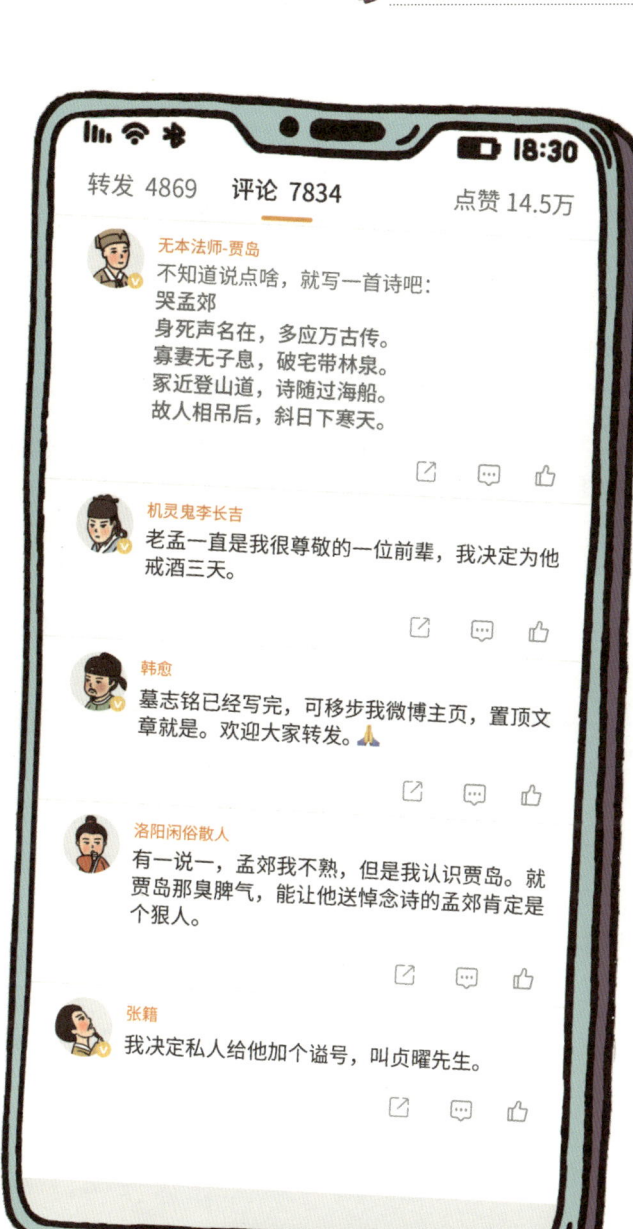

转发 4869　　评论 7834　　点赞 14.5万

无本法师-贾岛
不知道说点啥，就写一首诗吧：
哭孟郊
身死声名在，多应万古传。
寡妻无子息，破宅带林泉。
家近登山道，诗随过海船。
故人相吊后，斜日下寒天。

机灵鬼李长吉
老孟一直是我很尊敬的一位前辈，我决定为他戒酒三天。

韩愈
墓志铭已经写完，可移步我微博主页，置顶文章就是。欢迎大家转发。🙏

洛阳闲俗散人
有一说一，孟郊我不熟，但是我认识贾岛。就贾岛那臭脾气，能让他送悼念诗的孟郊肯定是个狠人。

张籍
我决定私人给他加个谥号，叫贞曜先生。

二、岛瘦

"孟郊死葬北邙山，从此风云得暂闲。天恐文章浑断绝，更生贾岛着人间。"（韩愈《赠贾岛》）

也许天地间真有那样冥冥中注定的缘分吧，孟郊走了，被韩愈称为"孟郊再生"的贾岛则重复着孟郊的命运。

两人同样是仕途曲折，同样是生活窘迫，乃至同样是老无子息，晚景凄凉。

30岁之前的贾岛曾是佛家弟子，虽然在庙里住了许久，但终究是个文人，还想出仕。一句"僧敲月下门"让他引起了韩愈的注意，被韩愈送到了更多人的眼前。

只可惜，浑拙闷愣的他，根本不知道外面的世界是什么样的，也根本不知道人心和官场到底有多复杂。

📢 贞元十四年（798年），也就是孟郊寄居汴州、与韩愈等人密切交往的那一年，时年19岁的贾岛，却经历着自己人生中不平静的一年。因为这一年他还是出家人……

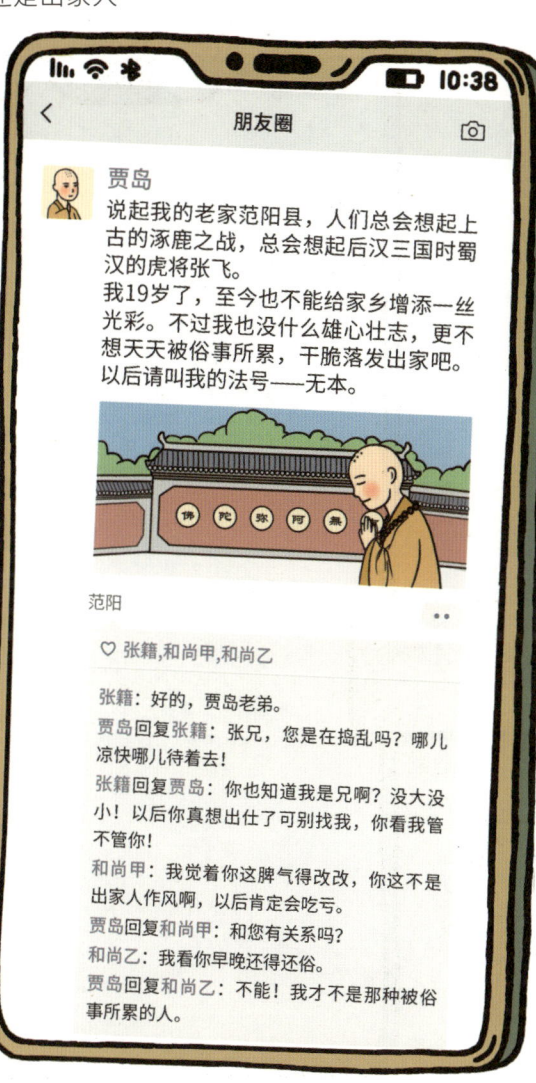

朋友圈

贾岛
说起我的老家范阳县，人们总会想起上古的涿鹿之战，总会想起后汉三国时蜀汉的虎将张飞。
我19岁了，至今也不能给家乡增添一丝光彩。不过我也没什么雄心壮志，更不想天天被俗事所累，干脆落发出家吧。以后请叫我的法号——无本。

范阳

♡ 张籍,和尚甲,和尚乙

张籍：好的，贾岛老弟。
贾岛回复张籍：张兄，您是在捣乱吗？哪儿凉快哪儿待着去！
张籍回复贾岛：你也知道我是兄啊？没大没小！以后你真想出仕了可别找我，你看我管不管你！
和尚甲：我觉着你这脾气得改改，你这不是出家人作风啊，以后肯定会吃亏。
贾岛回复和尚甲：和您有关系吗？
和尚乙：我看你早晚还得还俗。
贾岛回复和尚乙：不能！我才不是那种被俗事所累的人。

文人终究是文人,哪怕出家当和尚了也坐不住,总是要出去游玩游玩,转一转。贾岛绝对不会知道,他这次游历中发生的一段小插曲,就已经让未出茅庐的他被名流圈所津津乐道,虽然他出场的方式有些滑稽。

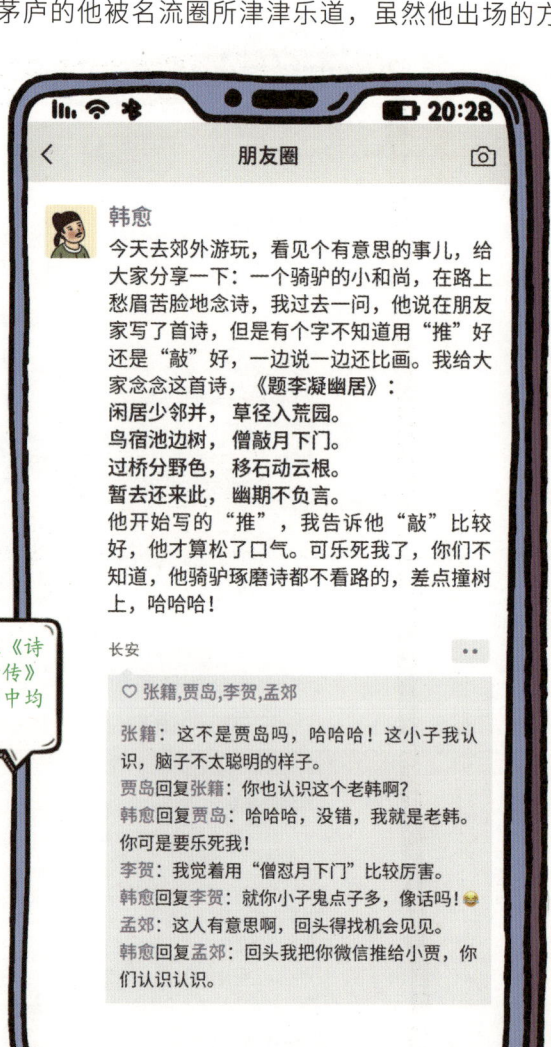

韩愈

今天去郊外游玩,看见个有意思的事儿,给大家分享一下:一个骑驴的小和尚,在路上愁眉苦脸地念诗,我过去一问,他说在朋友家写了首诗,但是有个字不知道用"推"好还是"敲"好,一边说一边还比画。我给大家念念这首诗,《题李凝幽居》:
闲居少邻并,草径入荒园。
鸟宿池边树,僧敲月下门。
过桥分野色,移石动云根。
暂去还来此,幽期不负言。
他开始写的"推",我告诉他"敲"比较好,他才算松了口气。可乐死我了,你们不知道,他骑驴琢磨诗都不看路的,差点撞树上,哈哈哈!

长安

♡ 张籍,贾岛,李贺,孟郊

张籍:这不是贾岛吗,哈哈哈!这小子我认识,脑子不太聪明的样子。
贾岛回复张籍:你也认识这个老韩啊?
韩愈回复贾岛:哈哈哈,没错,我就是老韩。你可是要乐死我!
李贺:我觉着用"僧怼月下门"比较厉害。
韩愈回复李贺:就你小子鬼点子多,像话吗!😂
孟郊:这人有意思啊,回头得找机会见见。
韩愈回复孟郊:回头我把你微信推给小贾,你们认识认识。

> "推敲"的典故在《诗话总龟》《唐才子传》《唐诗纪事》等书中均有收录。

📢 永贞元年（805年），年轻的贾岛在韩愈的劝说下，终于在庙里待不住了，准备出山入世。

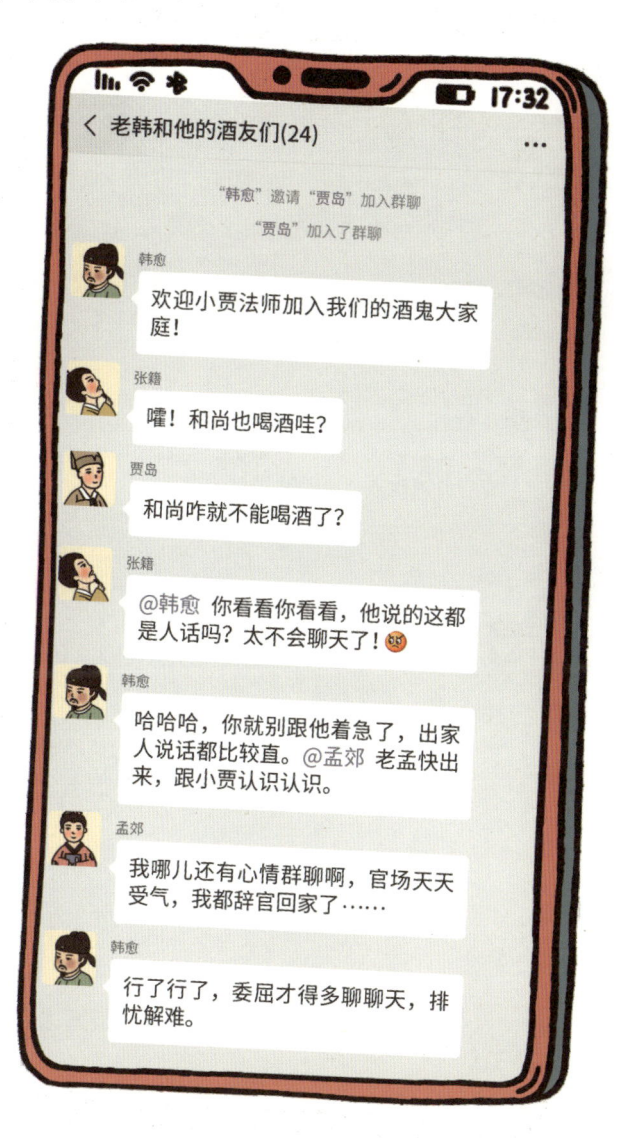

老韩和他的酒友们(24)

"韩愈"邀请"贾岛"加入群聊
"贾岛"加入了群聊

韩愈：欢迎小贾法师加入我们的酒鬼大家庭！

张籍：嚯！和尚也喝酒哇？

贾岛：和尚咋就不能喝酒了？

张籍：@韩愈 你看看你看看，他说的这都是人话吗？太不会聊天了！😅

韩愈：哈哈哈，你就别跟他着急了，出家人说话都比较直。@孟郊 老孟快出来，跟小贾认识认识。

孟郊：我哪儿还有心情群聊啊，官场天天受气，我都辞官回家了……

韩愈：行了行了，委屈才得多聊聊天，排忧解难。

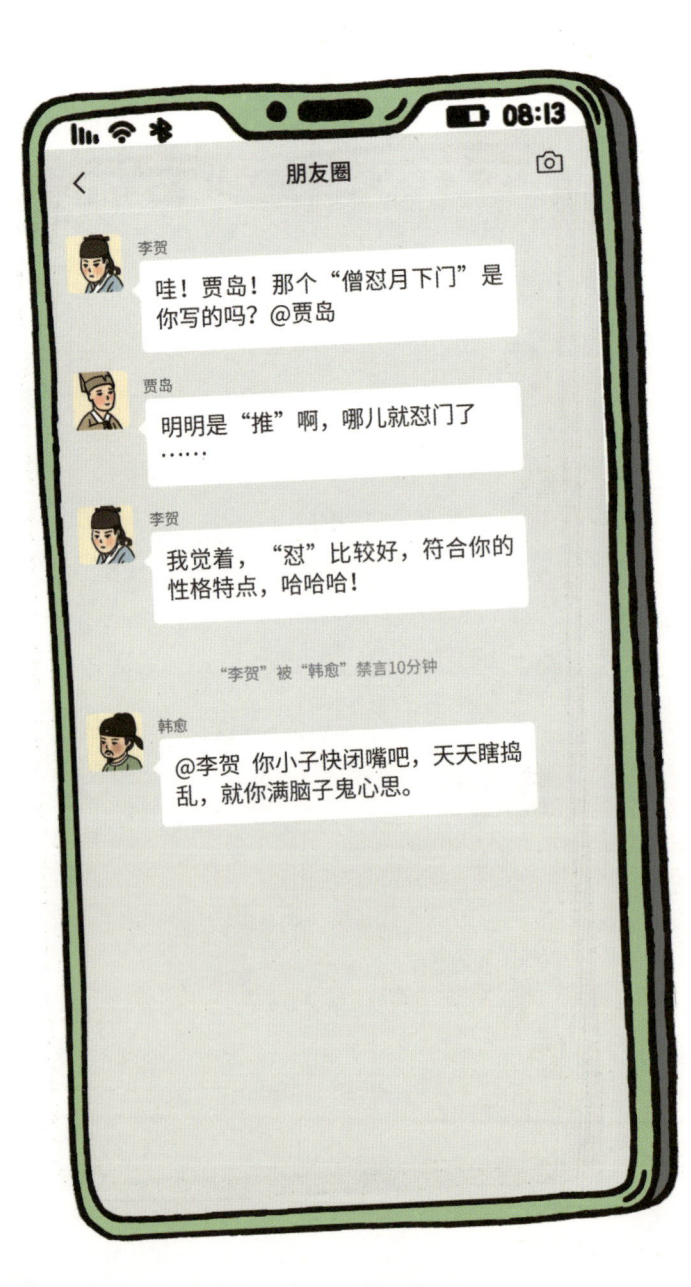

李贺：哇！贾岛！那个"僧怼月下门"是你写的吗？@贾岛

贾岛：明明是"推"啊，哪儿就怼门了……

李贺：我觉着，"怼"比较好，符合你的性格特点，哈哈哈！

"李贺"被"韩愈"禁言10分钟

韩愈：@李贺 你小子快闭嘴吧，天天瞎捣乱，就你满脑子鬼心思。

📢 转眼间，一年就过去了，贾岛也来到了洛阳，拜访了不少人。他跃跃欲试，希求做出一番大事业。

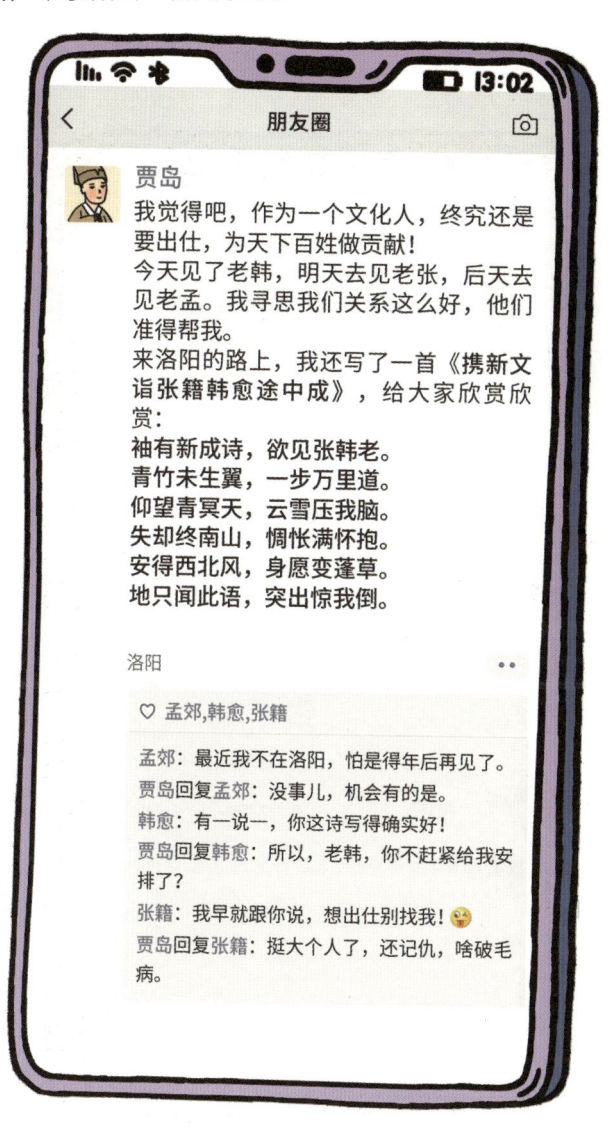

朋友圈

贾岛
我觉得吧，作为一个文化人，终究还是要出仕，为天下百姓做贡献！
今天见了老韩，明天去见老张，后天去见老孟。我寻思我们关系这么好，他们准得帮我。
来洛阳的路上，我还写了一首《携新文诣张籍韩愈途中成》，给大家欣赏欣赏：
袖有新成诗，欲见张韩老。
青竹未生翼，一步万里道。
仰望青冥天，云雪压我脑。
失却终南山，惆怅满怀抱。
安得西北风，身愿变蓬草。
地只闻此语，突出惊我倒。

洛阳

♡ 孟郊,韩愈,张籍

孟郊：最近我不在洛阳，怕是得年后再见了。
贾岛回复孟郊：没事儿，机会有的是。
韩愈：有一说一，你这诗写得确实好！
贾岛回复韩愈：所以，老韩，你不赶紧给我安排了？
张籍：我早就跟你说，想出仕别找我！😏
贾岛回复张籍：挺大个人了，还记仇，啥破毛病。

📣 贾岛该见的人也都见了,但因为他脾气古怪等原因,几年下来也没太多人能给他出什么力,所以出仕这一块一直也不太顺利。看来在洛阳没啥前途,贾岛准备跟着韩愈去长安转一转,去见见当时文坛另一位鼎鼎大名的领袖——元稹。

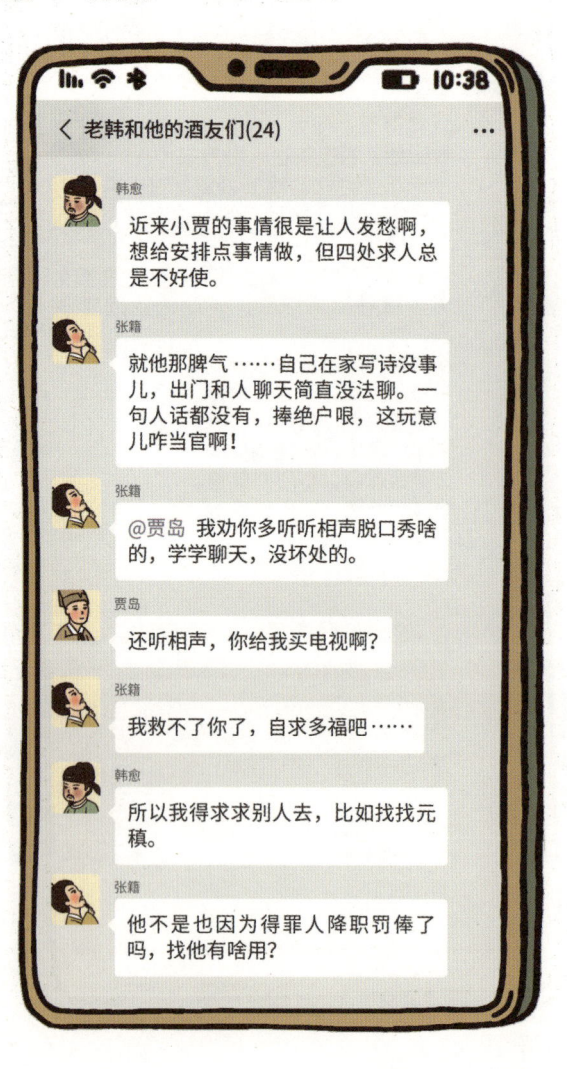

老韩和他的酒友们(24)

韩愈:近来小贾的事情很是让人发愁啊,想给安排点事情做,但四处求人总是不好使。

张籍:就他那脾气……自己在家写诗没事儿,出门和人聊天简直没法聊。一句人话都没有,捧绝户哏,这玩意儿咋当官啊!

张籍:@贾岛 我劝你多听听相声脱口秀啥的,学学聊天,没坏处的。

贾岛:还听相声,你给我买电视啊?

张籍:我救不了你了,自求多福吧……

韩愈:所以我得求求别人去,比如找找元稹。

张籍:他不是也因为得罪人降职罚俸了吗,找他有啥用?

孟郊、贾岛：一寒一瘦为诗狂　57

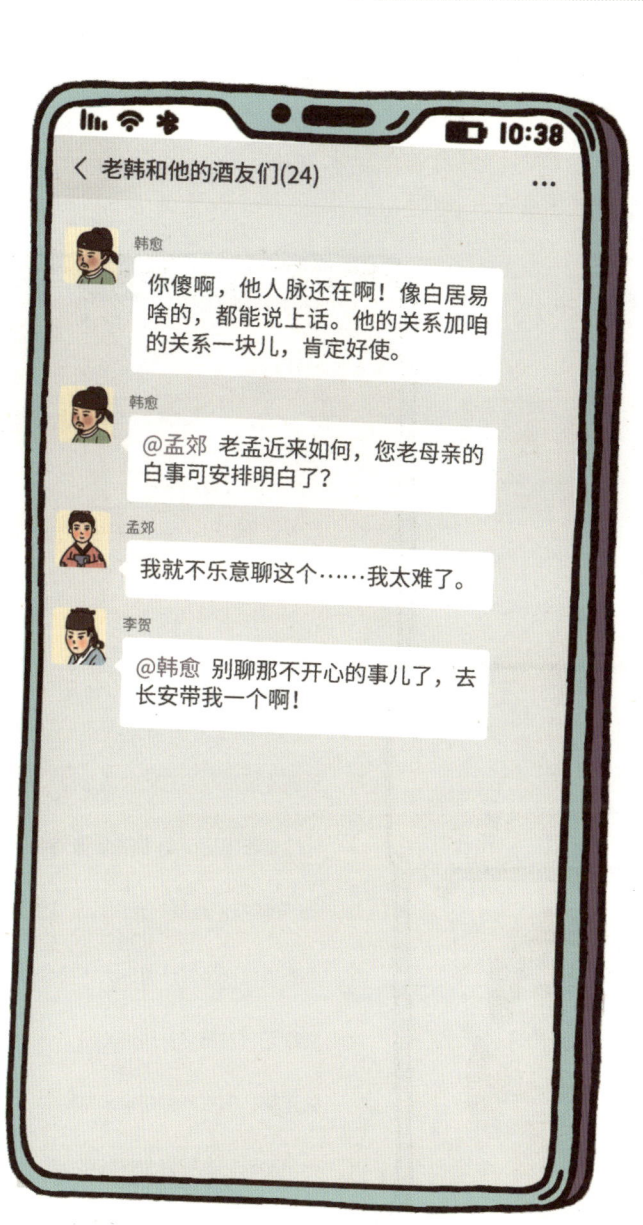

老韩和他的酒友们(24)

韩愈
你傻啊，他人脉还在啊！像白居易啥的，都能说上话。他的关系加咱的关系一块儿，肯定好使。

韩愈
@孟郊 老孟近来如何，您老母亲的白事可安排明白了？

孟郊
我就不乐意聊这个……我太难了。

李贺
@韩愈 别聊那不开心的事儿了，去长安带我一个啊！

58　笑死了！刷了1400年的大唐诗人朋友圈2

📢 李贺到长安之后，深得人们赏识，很快就谋了个官位。虽然言语犀利，天天骂这个嘲讽那个，但他也成了圈内字号响当当的人物。但是贾岛……真的让韩愈着急。本来找了不少关系，可贾岛硬是凭着自己的本事，得罪了一大票人。

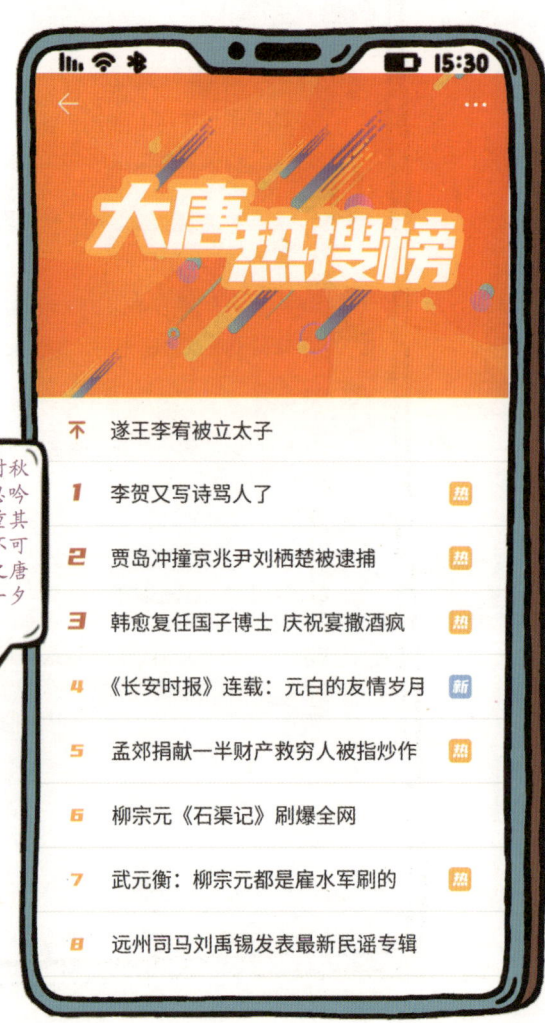

《唐摭言·卷十一》："时秋风正厉，黄叶可扫。岛忽吟曰：'落叶满长安。'志重其冲口直致，求之一联，杳不可得，不知身之所从也，因之唐突大京兆刘栖楚，被系，一夕而释之。"

大唐热搜榜 15:30

- 🔥 遂王李宥被立太子
- 1 李贺又写诗骂人了　热
- 2 贾岛冲撞京兆尹刘栖楚被逮捕　热
- 3 韩愈复任国子博士 庆祝宴撒酒疯　热
- 4 《长安时报》连载：元白的友情岁月　新
- 5 孟郊捐献一半财产救穷人被指炒作　热
- 6 柳宗元《石渠记》刷爆全网
- 7 武元衡：柳宗元都是雇水军刷的　热
- 8 远州司马刘禹锡发表最新民谣专辑

📢 时光荏苒，转眼间七八年过去，孟郊去世了，李贺也英年早逝，年仅27岁。贾岛又参加了科举考试，如同当年的孟郊一样，没能考上。

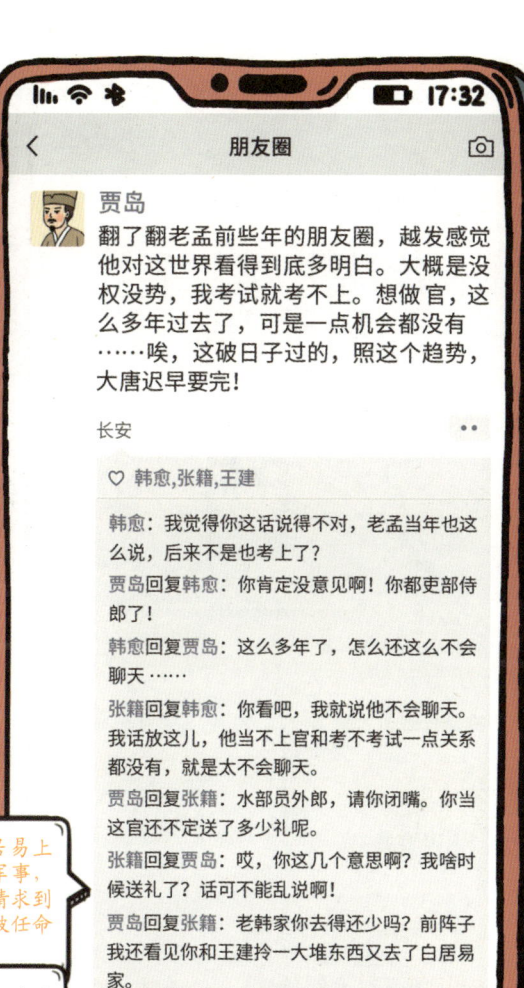

朋友圈

贾岛
翻了翻老孟前些年的朋友圈，越发感觉他对这世界看得到底多明白。大概是没权没势，我考试就考不上。想做官，这么多年过去了，可是一点机会都没有……唉，这破日子过的，照这个趋势，大唐迟早要完！

长安

♡ 韩愈，张籍，王建

韩愈：我觉得你这话说得不对，老孟当年也这么说，后来不是也考上了？

贾岛回复韩愈：你肯定没意见啊！你都吏部侍郎了！

韩愈回复贾岛：这么多年了，怎么还这么不会聊天……

张籍回复韩愈：你看吧，我就说他不会聊天。我话放这儿，他当不上官和考不考试一点关系都没有，就是太不会聊天。

贾岛回复张籍：水部员外郎，请你闭嘴。你当这官还不定送了多少礼呢。

张籍回复贾岛：哎，你这几个意思啊？我啥时候送礼了？话可不能乱说啊！

贾岛回复张籍：老韩家你去得还少吗？前阵子我还看见你和王建拎一大堆东西又去了白居易家。

王建回复贾岛：你们饿火别带着我啊……他那是要调任外地，我俩拎点吃的去找他喝酒……

> 公元822年，白居易上书论当时河北的军事，不被采用，于是请求到外地任职，七月被任命为杭州刺史。

> 王建，擅长乐府诗，与张籍合称"张王乐府"。

📢 唐穆宗长庆四年（824年）十二月，一代文学领袖、备受世人崇敬的韩愈不幸病世。没有人能忘记这个天天乐呵呵的老头儿，哪怕是天天顶这个戗那个的贾岛，也流下了悲痛的泪水。

贾岛
和韩吏部泛南溪
溪里晚从池岸出，石泉秋急夜深闻。
木兰船共山人上，月映渡头零落云。
前阵子才和老韩、老张他们去南溪玩，当时我还写了这首诗给他，可怎么突然人就没了……老韩是个好人，经常帮我，我却一个劲地怼他，想想真是对不起他……😖

李益：前几天你找我的时候，我还说老韩身体挺费劲，没想到这么快就走了。😢
张籍：老韩的身体……大家都知道的……腊月初二那天，他永远地离开了我们。😖
元稹：韩愈没了，我大唐损失了一代文宗啊……😖
裴度回复元稹：虽然咱平时掐得厉害，但在老韩葬礼上咱可千万不能打起来。
元稹回复裴度：放心，我不是那没数的人！
白居易：什么！老韩没了？我这才从杭州调到洛阳没多久，还没来得及回去看他……唉，一路走好！🕯️🕯️

唐代皇甫湜《韩愈神道碑》："四年十二月丙子，（韩愈）薨靖安里第，年五十七。"

孟郊、贾岛：一寒一瘦为诗狂 **61**

📢 又是平平淡淡的几年过去，老朋友们年岁渐渐大了，退休的退休，去世的去世，能帮贾岛的人越来越少。唐文宗开成二年（837年），成为孤家寡人的贾岛摊上了大事。

#贾岛顶撞天子无官被贬# 据可靠消息，日前在定水精舍顶撞天子的嫌疑人身份已查明，乃是长安知名"莽撞人"@无本法师-贾岛。

据悉，多年前贾岛就因顶撞时任京兆尹刘栖楚而遭到逮捕，如今竟敢顶撞当今天子，实乃罪不可赦。

但网友们也对此事感到疑惑，因为贾岛身上并无官职，"被贬"长江县主簿这个操作令人感到很迷惑。

《唐摭言·卷十一》："又尝遇武宗皇帝于定水精舍，岛尤肆侮，上讶之。他日有中旨，令与一官谪去，乃授长江县尉，稍迁普州司仓而卒。"

转发 1531　　评论 4563　　点赞 1万

无本法师后援会
强烈要求官方公布此事细节！我们觉得贾岛肯定不是故意顶撞天子的，我们需要给他一个公正的结果！

今夜70后
贾岛曾有一首《剑客》，极尽我们"70后"的锋芒。全诗如下：
十年磨一剑，霜刃未曾试。
今日把示君，谁为不平事。
我们不相信贾岛这种千年难得一遇的文坛大家会顶撞天子，肯定是遭受迫害！关于贾岛如何遭到当局迫害，请关注公众号"今夜70后"！

大理寺宣传部
关于贾岛的案情，我们会在审理清楚之后进行公示，请各位网友不要相信营销号们瞎编的故事。必要时，我们将用法律途径处理有关造谣者。

孟郊、贾岛：一寒一瘦为诗狂 63

📢 贾岛终究还是"被贬"到长江县。虽然名义上不好听，但歪打正着，他确实因此当了个小官。兢兢业业两年多，贾岛的努力终于被上边看到了，就任普州司仓参军，仕途终于有些起色。

贾岛
唉，不容易啊，总算是升官了。自从到长江县之后，虽然是个小官，但也总算让我接触到了真正的官场。六十来岁的人了，确实不应该和以前一样莽撞，那样不好。踏踏实实做人，稳稳当当做事，希望自己的晚年能够活得有意义。

普州

♡ 康成公,乐使君,苏绛

康成公：有一说一，你以前脾气虽然古怪，但这两年真不错。而且你还从牢里把我救出来，不知道感谢点啥好。

贾岛回复康成公：嗐，多大点事儿啊。你得感谢乐使君，是他给你弄出来的。

乐使君回复贾岛：还不是因为你当时送我那首诗？《上乐使君救康成公》，我还记得呢：
曾梦诸侯笑，康囚议脱枷。
千根池里藕，一朵火中花。

康成公回复乐使君：啥都不说了，感谢二位！我能出来全靠二位了！

贾岛回复康成公：你也别客气，我都这岁数了，也不知能活多久呢。现在我不要名不要利，就做点想做的事儿，挺好。

苏绛回复贾岛：你放心，你要是死了，我给你写墓志铭。

贾岛回复苏绛：你小子怎么比我还不会聊天啊……

（乐使君、康成公，生平不详。）

（苏绛，贾岛知己，曾为贾岛写墓志铭。）

结语

公元843年八月，贾岛卒于郡馆舍。

好友苏绛没有食言，为他写了墓志铭，就像当初韩愈给孟郊写墓志铭一样，写得饱含深情。

贾岛万万没想到，他去世不到十天，普州司户参军的任命来到，他终究没能等到这个官职，像极了当年的孟郊。

对比同时代的很多诗人，比如韩愈等人，贾岛、孟郊是明显的异类：不合群了一辈子，仕途上也没什么建树，似乎平凡得有些过分了。

可他们真的是如此平凡吗？并不，他们只是太不同寻常了，不同寻常到不被多数人接受。

孟郊心怀天下，即便自己穷困潦倒，也要接济贫苦百姓；贾岛常怀赤子之心，永远都是那么直截了当。

仔细品味，或许根本不是因为他们性格如何奇怪，时间会证明一切，别管当年孟郊、贾岛如何不得志，千百年后的今天，所有人都记得他们。

所谓"郊寒岛瘦"，不是因为他们不合群的苦吟，而是因为这个世界亏欠了他们。

"两句三年得，一吟双泪流"，如孟郊、贾岛这般的诗人，凭借着自己对诗歌虔诚的供奉，凭借着极端"苦吟"的创作态度，影响着后世人的诗歌创作，虽然他们生前并不显名，历史却绝不会遗漏他们的名字！

第三章

白居易：半生居易，一世乐天

中唐，是一个能与盛唐媲美的诗歌盛世，出现了一大批在中国诗歌史上名垂千古的诗人，也出现了与盛唐王孟、高岑、李杜齐名的诗坛CP：韩孟、元白、刘柳。

不过，盛唐的"双子星"李白与杜甫结下了传颂千年的美好友谊，而中唐最杰出的诗人韩愈和白居易虽然同朝为官，年纪相仿，理想和性情都很接近，相熟的朋友也有许多，却始终没有成为挚友。他们的交往，是泛泛之交，蜻蜓点水，这不能不说是一个巨大的遗憾。

或许，是因为白居易少年成名，仕途顺遂，而韩愈四考科举、三考博学宏词科，好不容易进入朝廷又几番被贬，有点儿嫉妒年轻的白居易。又或许，韩愈的"盟主"意识太强，只喜欢提携和结交相对弱势的孟郊、贾岛、张籍、李贺等，而对白居易、元稹、刘禹锡、柳宗元等"实力派"诗人多少心存一点儿提防。

总之，白居易没有成为韩愈的至交，他的诗歌，也与韩孟一派偏重为个人鸣不平、诗风"奇崛险怪"相反，走向了更加关注时事民生、诗风平白浅易的路子。而他自己也活成他的名字——"半生居易，一世乐天"。

白居易关系图

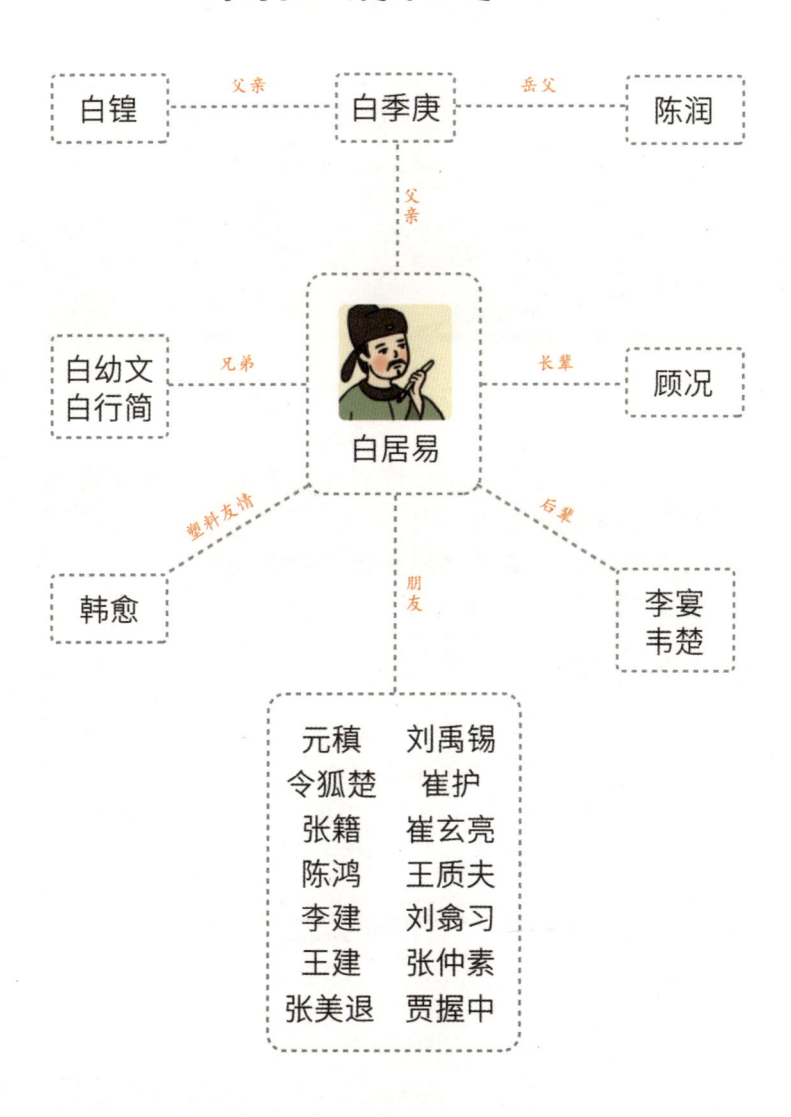

- 白锽 —父亲— 白季庚 —岳父— 陈润
- 白季庚 —父亲— 白居易
- 白幼文、白行简 —兄弟— 白居易
- 白居易 —长辈— 顾况
- 韩愈 —忘年友情— 白居易
- 白居易 —后辈— 李宴、韦楚
- 白居易 —朋友— 元稹、刘禹锡、令狐楚、崔护、张籍、崔玄亮、陈鸿、王质夫、李建、刘翕习、王建、张仲素、张美退、贾握中

一、初登仕途

　　大历七年（772年），飘逸出尘的"诗仙"李白已随风而去十年，忧国忧民的"诗圣"杜甫也在两年前离开人世，而将在中唐时期成为一代文坛盟主的韩愈才5岁。

　　当时，大唐的诗坛正处于由盛唐到中唐的过渡时期，也处于巨星缺失的空窗时期。

　　便在这一年的正月二十日，河南新郑城西的东郭宅村白家，一个名叫白居易的男孩出生了。

　　这个早慧的孩子，将从先辈们手中接过振兴唐诗的旌旗。他将杜甫当成自己的偶像，以儒家典范来规范自己的行为。"穷则独善其身，达则兼济天下"，成为他一以贯之的信仰。

白居易：半生居易，一世乐天 69

📢 白居易出生在小官僚世家，他生活的那个时代并不好。安史之乱结束，并没有彻底消除藩镇割据。白居易出生时，河南一带已割据十余年，战火频仍，民不聊生。

白季庚，白居易的父亲，时任宋州司户参军。后任徐州彭城县县令、徐州别驾等职。任职徐州时，将儿子白居易、白行简等家眷安置在宿州符离。

白锽，白居易的爷爷，时任巩县县令，在白居易出生后第二年去世。

白季般、白季康，均为白居易叔父，分别担任过徐州沛县县令、宣州溧水县令。

朋友圈

白季庚
最近这世道啊，越来越乱了，让人挺心慌的。不过也不是完全没有好消息，我家老二出生啦！
这年头，想安居乐业不容易，希望我这儿子以后的日子别太难，所以给他取名"居易"。

新郑

♡ 白锽，陈润，白季般，白季康

白锽：哈哈，我又添了个大胖孙子，开心！
白季庚回复白锽：爹，不光您开心，咱家所有人都开心。
白季般：是啊，恭喜大哥！
白季康：恭喜大哥！

📢 一转眼,白居易16岁了,他决定进京游历。毕竟那个年代文人的出路基本都在科考,而在科考前一般要先拜访名流显贵,积累一点社会关系和个人名气,以便科考时能被推荐。

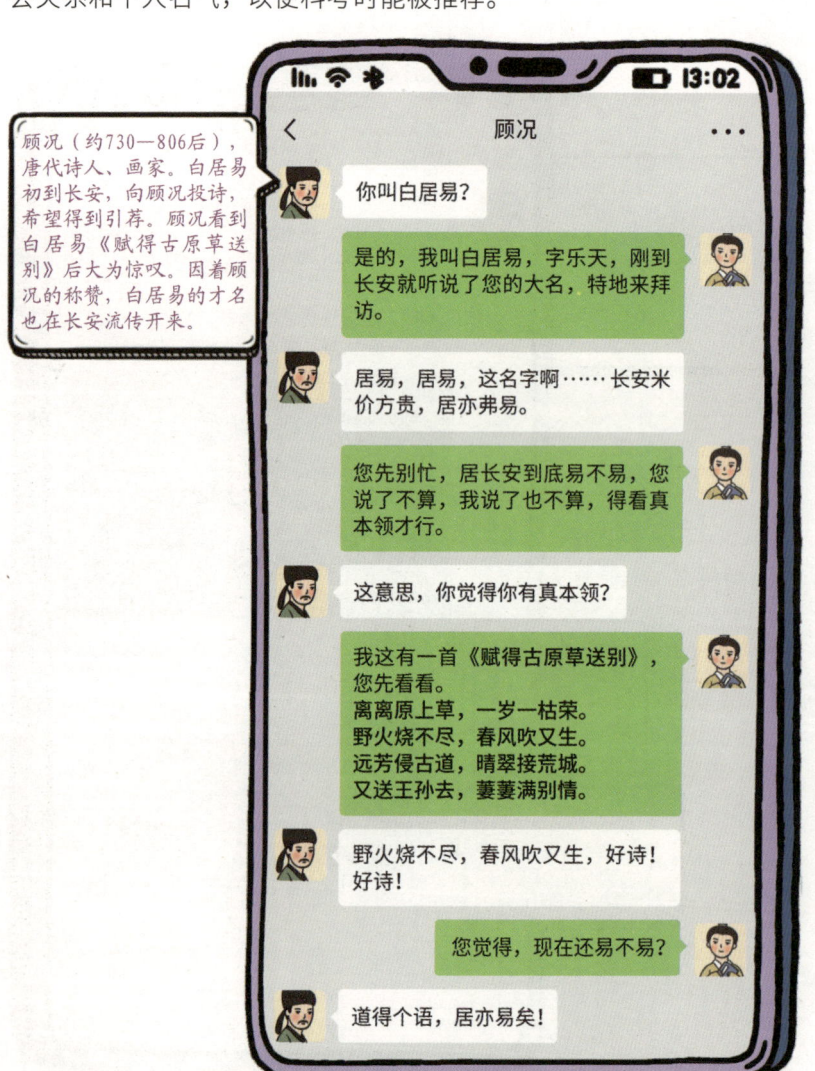

> 顾况(约730—806后),唐代诗人、画家。白居易初到长安,向顾况投诗,希望得到引荐。顾况看到白居易《赋得古原草送别》后大为惊叹。因着顾况的称赞,白居易的才名也在长安流传开来。

顾况

顾况:你叫白居易?

白居易:是的,我叫白居易,字乐天,刚到长安就听说了您的大名,特地来拜访。

顾况:居易,居易,这名字啊……长安米价方贵,居亦弗易。

白居易:您先别忙,居长安到底易不易,您说了不算,我说了也不算,得看真本领才行。

顾况:这意思,你觉得你有真本领?

白居易:我这有一首《赋得古原草送别》,您先看看。
离离原上草,一岁一枯荣。
野火烧不尽,春风吹又生。
远芳侵古道,晴翠接荒城。
又送王孙去,萋萋满别情。

顾况:野火烧不尽,春风吹又生,好诗!好诗!

白居易:您觉得,现在还易不易?

顾况:道得个语,居亦易矣!

📢 光有名气而没有足够的盘缠，在物价高昂的长安还是不够的。没多久，白居易就不得不离开了长安。回到符离后，他邂逅了自己最爱的女孩——湘灵。那年他19岁，她15岁，如花美眷，似水流年，一切美好得刚刚好。

白居易
邻女
娉婷十五胜天仙，白日姮娥旱地莲。
何处闲教鹦鹉语，碧纱窗下绣床前。
为你写诗，为你静止，为你做不可能的事，
为你失去理智@湘灵

符离

♡ 湘灵,白行简,白幼文

湘灵：🧡
白居易回复湘灵：么么哒！
白行简：哇，哥，你啥时候有女朋友了？
白居易回复白行简：以后她可就是你嫂子了，快叫大嫂。
白幼文：二弟呀，你这恩爱秀得也太突然了，小心被娘知道。
白居易回复白幼文：糟糕，忘了屏蔽咱娘了😱
陈氏：我白家虽非豪门世族，却也是书香大家，你以后的妻子必定是要与我白家门当户对的，你还是与湘灵断了吧！
白居易回复陈氏：母亲，儿子此生非湘灵不娶！
陈氏回复白居易：你回来看我不打你！

> 白幼文，白居易长兄。白行简，白居易弟弟。陈氏，白居易母亲。

> 在徐州符离，白居易爱上了邻家女孩湘灵，但母亲以死相逼，他只得顺从，放弃自己的幸福。然而"湘灵"这个名字从不曾被他忘记，乃至多年后化作千古名作《长恨歌》里一缕深藏的情愫，久久打动人心。

📢 贞元十六年（800年），白居易29岁，这时他的父亲已去世六年，他的长兄也到了饶州任浮梁县主簿。白居易在考过乡贡后，前往长安参加科举考试。对于白居易这个16岁就扬名长安的才子来说，考试完全没难度。

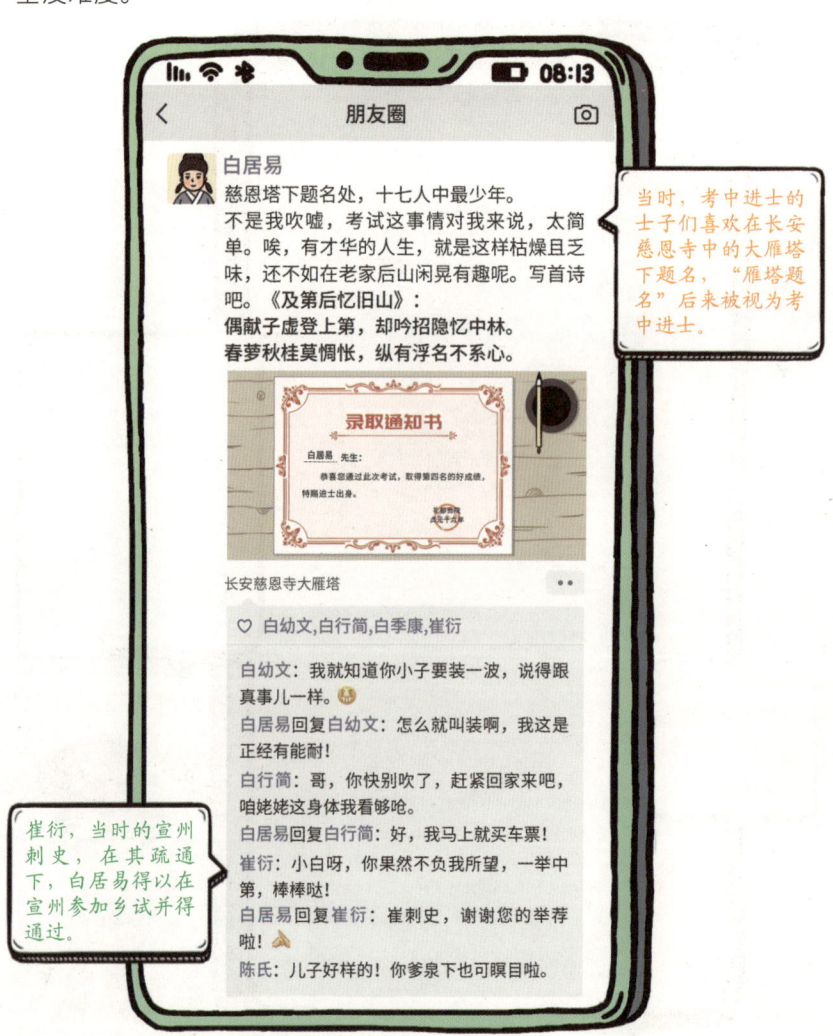

> 当时，考中进士的士子们喜欢在长安慈恩寺中的大雁塔下题名，"雁塔题名"后来被视为考中进士。

白居易
慈恩塔下题名处，十七人中最少年。
不是我吹嘘，考试这事情对我来说，太简单。唉，有才华的人生，就是这样枯燥且乏味，还不如在老家后山闲晃有趣呢。写首诗吧。《及第后忆旧山》：
偶献子虚登上第，却吟招隐忆中林。
春萝秋桂莫惆怅，纵有浮名不系心。

录取通知书
白居易 先生：
参加您通过此次考试，取得第四名的好成绩，特赐进士出身。

长安慈恩寺大雁塔

♡ 白幼文，白行简，白季康，崔衍

白幼文：我就知道你小子要装一波，说得跟真事儿一样。
白居易回复白幼文：怎么就叫装啊，我这是正经有能耐！
白行简：哥，你快别吹了，赶紧回家来吧，咱姥姥这身体我看够呛。
白居易回复白行简：好，我马上就买车票！
崔衍：小白呀，你果然不负我所望，一举中第，棒棒哒！
白居易回复崔衍：崔刺史，谢谢您的举荐啦！
陈氏：儿子好样的！你爹泉下也可瞑目啦。

> 崔衍，当时的宣州刺史，在其疏通下，白居易得以在宣州参加乡试并得通过。

进士及第后,白居易又顺利通过吏部考试,与年轻才子元稹一起被授予秘书省校书郎职务。唐宪宗元和元年(806年),白居易被授予盩厔(今作周至县)县尉,在这里他写下了《观刈麦》等大量关注民生的诗歌,还创作出了唐代叙事诗巅峰之作——《长恨歌》。

白居易

前些天和陈鸿、王质夫一块儿去仙游寺玩儿,聊到了唐玄宗和杨贵妃的故事。两人明明相爱,最后却成了一个悲剧。我和湘灵又何尝不是如此呢?如今我为人夫,想必她也已为人妇,我俩终是错过了……

七月七日长生殿,夜半无人私语时。
在天愿作比翼鸟,在地愿为连理枝。
天长地久有时尽,此恨绵绵无绝期。

周至

♡ 元稹,陈鸿,王质夫

王质夫:乐天兄,你果然是一个有故事的男同学!
白居易回复王质夫:人人开开心心说说故事,唯有我的故事是个悲伤结局。
元稹:乐天兄,你那天发我的全诗我看了,完全可以改成一部戏啊。
白居易回复元稹:我这个不灵,你和崔莺莺那段才更合适呢!
陈鸿回复元稹:讲真,这《长恨歌》的故事我还真准备弄成戏的。白居易写的诗版本,我写了故事版本,到时给你们看。

元稹(779—831),唐代诗人,白居易一生至交好友,两人并称"元白",后来官至宰相。他与崔莺莺的爱情故事后来被演绎为传奇小说《莺莺传》。

王质夫,琅琊人,隐士,白居易挚友。

陈鸿,唐代小说家,曾任太常博士、虞部员外郎、主客郎中等职。白居易作《长恨歌》,陈鸿作《长恨歌传》,共传于世。

📢 元和三年（808年），白居易担任左拾遗一职。此时的他已不再年轻，然而那种昂然以天下为己任的情怀和耿直的品性反而越发鲜明。此后几年，他写下了一生中最为重要的现实主义篇章——《新乐府》五十首。中唐文学史上最有名的诗歌运动——新乐府运动，由此开启。

新乐府诗人群（6）

白居易
各位兄弟，欢迎来到我们新乐府诗人群的大家庭！各位都是心忧天下的义士，写下了许多反映民生疾苦的诗歌，如果我们大家能联合起来为社会发声，世界将变成美好的人间。这，就是我建立这个群的目的。

元稹
😭

张籍
乐天兄说得真好，我早就仰慕你的大名了，你那首《卖炭翁》写得真好哇，鞭挞宫市，揭露官府的横征暴敛，观点深刻，言辞犀利，实在大快人心！

白居易
@张籍 文昌兄过誉了，我也就一丢丢厉害了😏你那首《野老歌》才是字字血泪呢！跟你老师韩愈的风格可不太像……对了，我拉你进这个群，你韩老师不会生气吧？

张籍
不会，怎么可能会？

> 新乐府运动，是中唐最有名的诗歌运动，继承了汉乐府的写实传统，重在表现现实。"新乐府"一词最早由白居易提出，元稹、张籍、王建、李绅等都是这一运动中的重要诗人。

新乐府诗人群（6）

王建：我更喜欢乐天兄的《观刈麦》，"足蒸暑土气，背灼炎天光，力尽不知热，但惜夏日长"，如果不是从心底里感受到下层民众的疾苦，哪里能写出这样的诗句呢？👍

白居易：@王建 仲初兄，你的《田家行》《水夫谣》《送衣曲》又何尝不是如此呢？你和文昌兄的风格很相近，你俩不愧是同窗好友，我觉得可以给你们一个合称——"张王乐府"。

李绅：大家好，先自我介绍一下吧，我叫李绅，大家都叫我短李。我和乐天、微之都是旧相识了，今天很高兴能认识两位新朋友。

张籍：咦，为啥要叫你短李呀！还有个人叫长李吗？

李绅：咳咳，不是的，呃，怎么说呢？

白居易：哈哈哈，李兄身材短小精悍，这才有了这个外号。😄

新乐府诗人群（6）

王建：李兄，我读过你的《悯农二首》，"谁知盘中餐，粒粒皆辛苦"，我儿子都能背诵！

李绅：❤️

白居易：现在呢，大家也都认识了，我们就步入正题吧！首先，我们需要确定流派的名称，大家有什么好的建议吗？

元稹：乐天兄，我看呀，你给我们起的微信群聊的名称就很合适，新乐府诗人群，听起来多么有范儿。

李绅：同意

王建：+1

张籍：+10086

白居易：半生居易，一世乐天 77

新乐府诗人群 (6)

白居易：嘻嘻，既然大家都同意，那我们就用这个名字吧！新乐府诗人群、新乐府诗、新乐府运动，嗯嗯，没毛病！

张籍：呃，为啥我觉得我们好像都被套路了！

元稹：我走过最长的路，就是乐天兄的套路。

王建：套路+1 不过我更想知道"新乐府"这个词是从哪儿来的，以前我只听过"乐府"。

白居易：这个嘛，是我的原创。我寻思着，古代文人的乐府诗也是反映时事的，"感于哀乐，缘事而发"，但有一点，他们总是借用古题。我们可不能蹈袭前人窠臼，我们要写，就要自创新题。

张籍：厉害了，我的哥！

新乐府诗人群 (6)

张籍：那咱们既然是一种诗歌运动，肯定得有一个响亮的口号呀，大家快发动自己聪明的脑瓜，想一想。

王建：要成功，先发疯，下定决心冲呀冲！

张籍：呃……

李绅：哈哈哈，我来，三分天注定，七分靠打拼，爱拼才会赢。（此处请自加闽南语音效）

元稹：不疯魔，不成活！霸气有木有！！

张籍：你们这群魔鬼！！乐天兄，看来还是得你出马了。

白居易：让我们红尘作伴，活得潇潇洒洒……

张籍：😨

白居易：半生居易，一世乐天 79

新乐府诗人群（6）

白居易：咳咳，不好意思了，大家，最近沉迷追剧，脑中总有BGM乱入。我们的口号是，文章合为时而著，歌诗合为事而作！我们：为君、为臣、为民、为物、为事而作，不为文而作也。

元稹：呜……乐天兄写得太好了，我感动得快要哭了。

王建：我也要哭了，感动！

白居易：让我们大家一起携起手来，以笔墨为投枪，为长矛，刺向敌人的心脏；为春雨，为煦阳，温暖民众的心灵。@元稹 @张籍 @王建 @李绅 唱起来：啊，只要人人都献出一点爱，世界将变成美好的人间……

二、贬谪江州

元和六年（811年），白居易的母亲去世，他辞官丁忧。也许是因着白居易任谏官时总是直言进谏，得罪了许多权贵的缘故，三年后他重新回到朝廷，没能继续当左拾遗，而是被改授了太子左赞善大夫一职。

元和十年（815年），宰相武元衡因为主张用强硬手段剿灭割据一方的节度使势力，而遭到了藩镇的嫉恨，在上朝途中遭到刺客暗杀。

关于幕后凶手，其实大家都心知肚明，然而碍于身家性命、权贵利禄，没有人敢发声。此时的白居易已经不再是谏官了，可他还是站了出来，上书朝廷，要求捉拿真凶。

原本就对他不满的权臣们这下可找到了一个好借口，他们给白居易安上了一个"越职言事"的罪名，担心这项罪名不够重，又添油加醋，说白居易的母亲是看花落井而死的，可白居易竟然还写了《赏花》《新井》这样的诗，是大大的不孝。

就这样两罪并罚，白居易一夕之间由天子脚下沦落到江州。江州之贬，成为白居易人生重要的转折点。

📢 元和十年的这次贬谪，对白居易的影响之大，让他开始重新审视朝堂上诡谲的政治斗争，写下了著名的《与元九书》，阐释自己的人生哲学——志在兼济，行在独善。

大唐热搜榜

不 宰相武元衡遇刺身亡 热

1 白居易上书请求朝廷捉拿真凶 爆

2 白居易被贬江州司马 热

3 刺客疑为平卢节度使李师道派遣 热

4 白居易不孝 沸

5 白居易《赏花》《新井》

6 刘禹锡、柳宗元再次被贬

7 白居易《琵琶行》刷屏 新

8 白居易《与元九书》 新

> 在江州，一个秋夜，白居易到江边送别朋友，偶遇一位琵琶女，听了她不幸的遭遇后，颇有同病相怜之感，《琵琶行》由此问世。

白居易
12分钟前

#白居易被贬江州司马# 做江州司马也挺好，避祸远嫌。在江州我听了很多故事，虽然和我的经历不一样，却也能感同身受。就像我在《琵琶行》里写的：同是天涯沦落人，相逢何必曾相识。

转发 1076　　评论 1.8万　　点赞 22.1万

元稹
好一个同是天涯沦落人，相逢何必曾相识！不同的经历，一样的心情，这就是人生啊。

> 元和十年，白居易被贬为江州司马，元稹被贬为通州司马，两人虽相隔遥远，却酬唱赠诗不绝。两年间，两人寄赠的作品多达数百篇，史称"通江唱和"。

元稹
5分钟前

#白居易《与元九书》# 乐天兄，你被贬江州，我则在通州，这段时间你我书信不绝，彼此心意相通，很是快活。你写给我的《与元九书》我已收到，对你的人生哲学、诗文主张也有了更深的了解。你兼济天下也好，独善其身也好，无论怎样，我都永远站在你一方！

转发 2661　　评论 1.5万　　点赞 25.4万

白居易
微之，么么哒！一首歌送给我最好的朋友——元微之。
Only you 能明白我心
Only you 能知晓我意
就是Only you

📢 元和十五年（820年），唐宪宗崩逝，唐穆宗即位，白居易被召还。"大佬"韩愈也回到长安，于第二年升任兵部侍郎。这年春光正好，韩愈决定拉白居易、张籍一起去游玩儿。

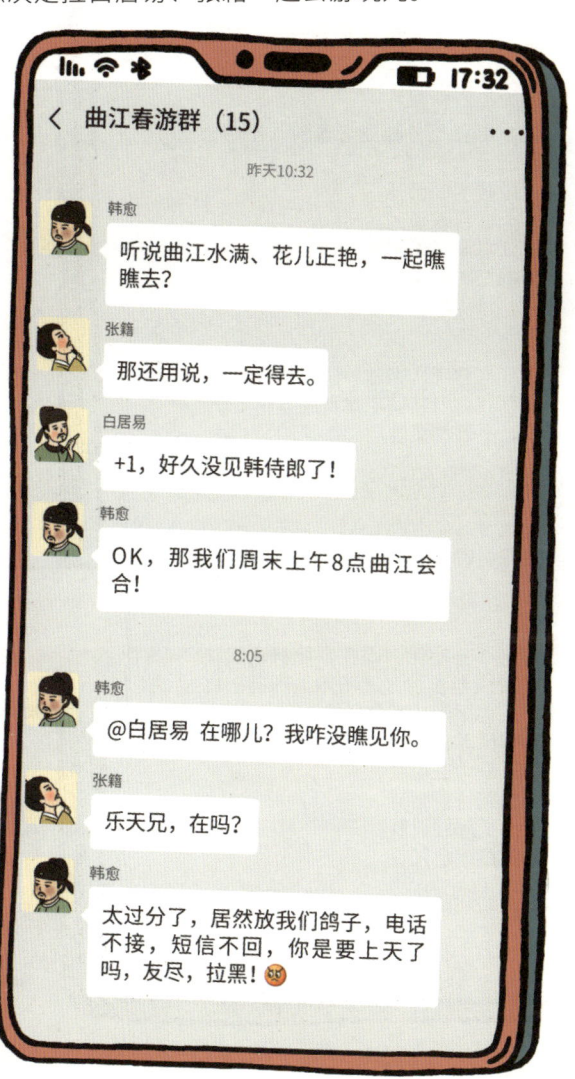

曲江春游群（15）

昨天10:32

韩愈：听说曲江水满、花儿正艳，一起瞧瞧去？

张籍：那还用说，一定得去。

白居易：+1，好久没见韩侍郎了！

韩愈：OK，那我们周末上午8点曲江会合！

8:05

韩愈：@白居易 在哪儿？我咋没瞧见你。

张籍：乐天兄，在吗？

韩愈：太过分了，居然放我们鸽子，电话不接，短信不回，你是要上天了吗，友尽，拉黑！😡

曲江春游群（15）

韩愈
还是生气，一首诗送给你这个大猪蹄子@白居易
同水部张员外籍曲江春游，寄白二十二舍人
漠漠轻阴晚自开，
青天白日映楼台。
曲江水满花千树，
有底忙时不肯来。

白居易
……老韩哪，抱歉，这不是下雨了吗？我这老胳膊老腿可经不起折腾呀，不是故意要放你鸽子的。

韩愈
哼，我才不生气，蓝天白云，绿树红花，你没来才是损失了一个亿。

白居易
那可不一定哦，俺在家照样可以痛痛快快地春游，还不用像你们一样摔跤淋雨呢！不信你瞧：
酬韩侍郎、张博士雨后游曲江见寄
小园新种红樱树，
闲绕花行便当游。
何必更随鞍马队，
冲泥蹋雨曲江头。

韩愈
……哼

> 韩愈与白居易同朝为官，交流却不多，这次是他们之间比较少见的互相唱和。

白居易：半生居易，一世乐天 85

唐穆宗即位后，耽于宴游，亲信妄庸，朝堂也陷入朋党之争。51岁的白居易不愿意再卷入政治斗争的旋涡，主动请求外任，于唐穆宗长庆二年（822年）出任杭州刺史。

朋友圈

白居易
刚到杭州，出去转转！
钱塘湖春行
孤山寺北贾亭西，水面初平云脚低。
几处早莺争暖树，谁家新燕啄春泥。
乱花渐欲迷人眼，浅草才能没马蹄。
最爱湖东行不足，绿杨阴里白沙堤。

杭州

♡ 元稹，张籍，钱徽

钱徽：这诗写得真棒！
白居易回复钱徽：那必然，我可是专业的。
元稹回复白居易：乐天兄，你可真有闲心，别人新官上任三把火，你看看你……
白居易回复元稹：还不允许我先玩一会儿吗？
张籍：别光玩啊，该办事儿还得办，不然回头又有人上书参你。
白居易回复张籍：肯定要办事儿啊，最近我正筹划修"白堤"呢！

> 钱徽，白居易好友，与白居易同年进士及第，后来又同在翰林院任职，友情深厚。

> 杭州任上，虽然只有三年，白居易却做了许多大实事，兴修水利，修建白公堤，造福了一州百姓。晚年他定居洛阳，还常常忆起杭州，写下了许多诗歌。

📢 长庆四年（824年）初，唐穆宗崩逝，唐敬宗继位。八月，元稹自同州刺史迁浙东观察使、越州刺史。而在次年，白居易改任苏州刺史。在这期间，白居易时而找元稹玩，偶尔也去隔壁扬州逛逛。在扬州，他遇见了刘禹锡。

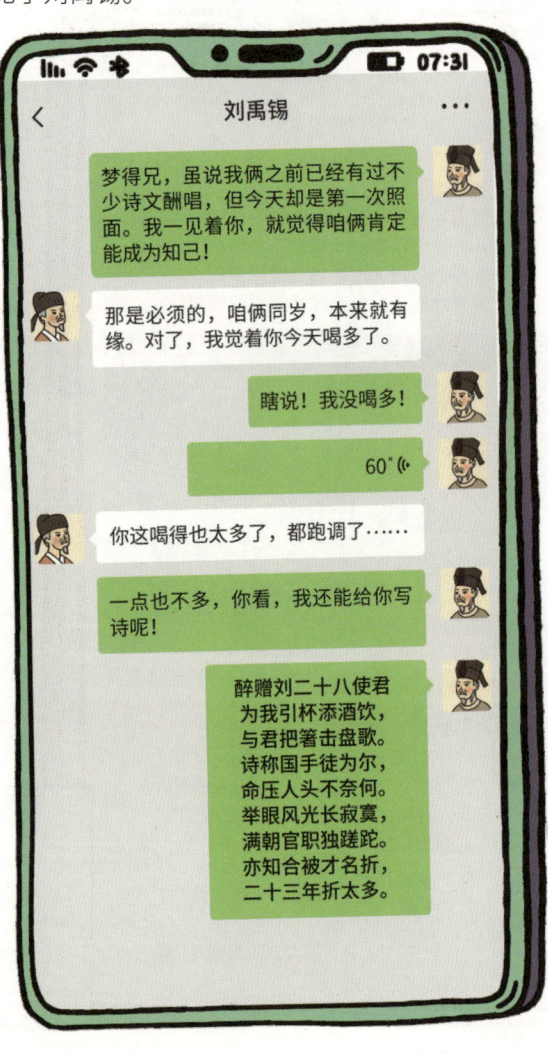

刘禹锡

> 梦得兄，虽说我俩之前已经有过不少诗文酬唱，但今天却是第一次照面。我一见着你，就觉得咱俩肯定能成为知己！

> 那是必须的，咱俩同岁，本来就有缘。对了，我觉着你今天喝多了。

> 瞎说！我没喝多！

> 60″

> 你这喝得也太多了，都跑调了……

> 一点也不多，你看，我还能给你写诗呢！

> 醉赠刘二十八使君
> 为我引杯添酒饮，与君把箸击盘歌。
> 诗称国手徒为尔，命压人头不奈何。
> 举眼风光长寂寞，满朝官职独蹉跎。
> 亦知合被才名折，二十三年折太多。

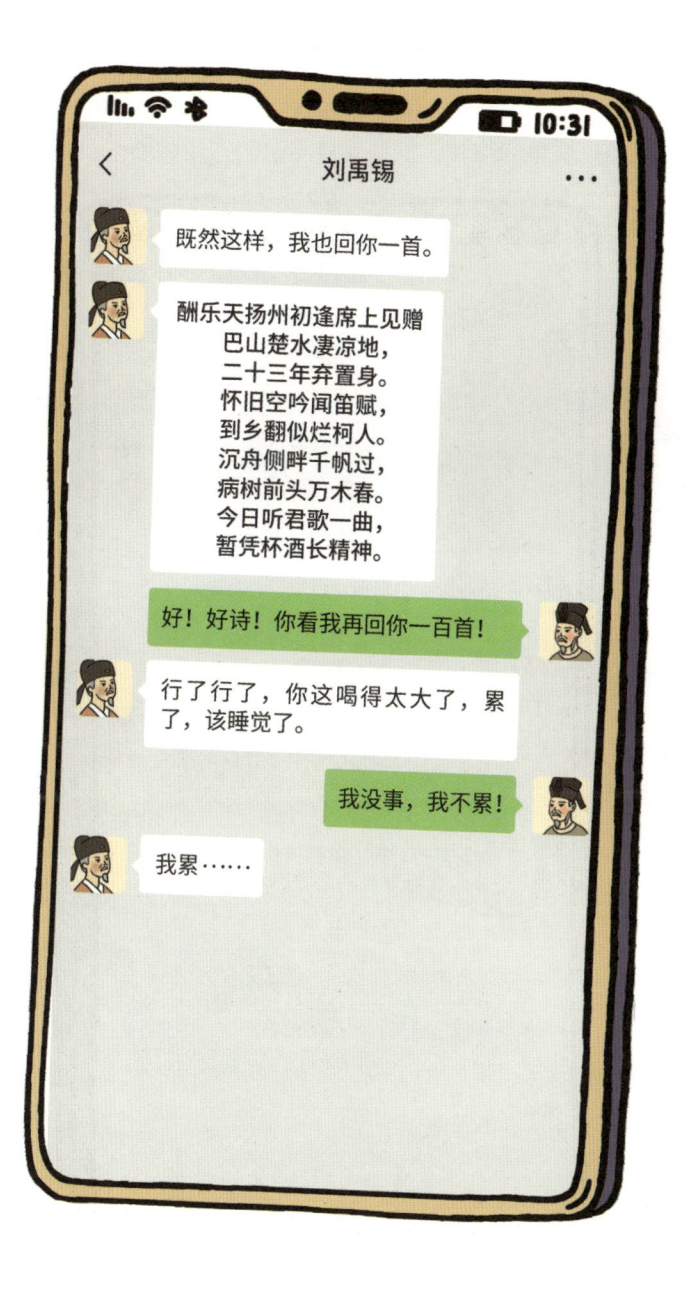

刘禹锡

刘禹锡： 既然这样，我也回你一首。

刘禹锡：
酬乐天扬州初逢席上见赠
巴山楚水凄凉地，
二十三年弃置身。
怀旧空吟闻笛赋，
到乡翻似烂柯人。
沉舟侧畔千帆过，
病树前头万木春。
今日听君歌一曲，
暂凭杯酒长精神。

白居易： 好！好诗！你看我再回你一百首！

刘禹锡： 行了行了，你这喝得太大了，累了，该睡觉了。

白居易： 我没事，我不累！

刘禹锡： 我累……

📢 在苏州待了一年多，白居易因病罢郡。同年十二月，唐敬宗被杀死，唐文宗继位。唐文宗赏识白居易，又将其招揽入朝。这次白居易老实了很多，尽量少说话，没事就写点东西，深居简出。

元稹

元稹： 乐天兄，我之前给你编了《白氏长庆集》五十卷，这几年你又写了不少，我觉得得加进去。

白居易： 那是自然，我来续编，后序也给补上……对了，咱俩的唱和集《因继集》也该续编了，我新写了序言。

元稹： 哈哈哈，说真的，我觉得你就踏踏实实作诗算了，虽然在官场上的事儿上你比我差远了，但作诗这一块你比我强，也比我想得周全。

白居易： 不光咱俩的，连我弟弟的文集我都安排上了，《白郎中集》正在编辑中。

元稹： 你可真行，连弟弟都安排上了，看来你在朝里真是啥事儿也不管啊。

白居易： 不光弟弟，刘禹锡，你还记得吧？我跟他的《刘白唱和集》也准备明年安排出来，然后给批注一下，再出一本《刘白唱和集解》。

元稹： 服了你……

唐文宗大和五年（831年），对白居易来说，是悲伤的一年。这一年，他3岁的儿子阿崔不幸夭折；也是这一年，他最好的朋友元稹也卒于武昌任所，时年53岁。

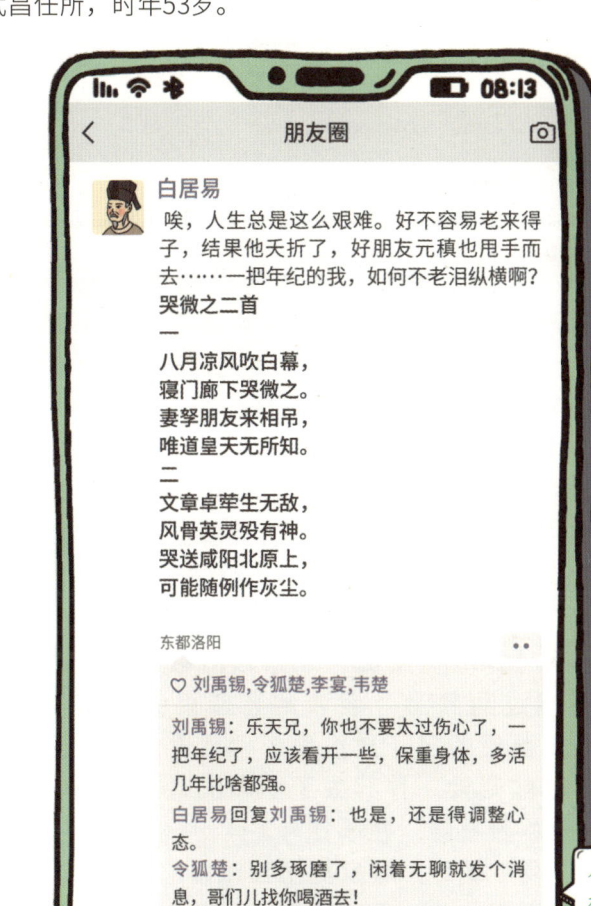

白居易

唉，人生总是这么艰难。好不容易老来得子，结果他夭折了，好朋友元稹也甩手而去……一把年纪的我，如何不老泪纵横啊？

哭微之二首

一

八月凉风吹白幕，
寝门廊下哭微之。
妻孥朋友来相吊，
唯道皇天无所知。

二

文章卓荦生无敌，
风骨英灵殁有神。
哭送咸阳北原上，
可能随例作灰尘。

东都洛阳

♡ 刘禹锡,令狐楚,李宴,韦楚

刘禹锡：乐天兄，你也不要太过伤心了，一把年纪了，应该看开一些，保重身体，多活几年比啥都强。

白居易回复刘禹锡：也是，还是得调整心态。

令狐楚：别多琢磨了，闲着无聊就发个消息，哥们儿找你喝酒去！

白居易回复令狐楚：你还是那么潇洒。

李宴：您这种状况下，还不忘提携一把我和韦楚，我俩真的感动哭了。

> 令狐楚，唐朝宰相，文学家，与白居易交好。

> 白居易任河南尹，曾举荐过李宴和韦楚。

三、隐居洛阳

曾经，白居易胸怀万民，直言敢谏，无所顾忌，可得到的却是贬谪江州的寂寞孤苦。眼看朝纲越发混乱，大唐的国势一点点衰颓，自己也险些被卷进权力斗争的旋涡，白居易的思想开始慢慢地由"兼济天下"向"独善其身"转变。

尽管他依然忧国忧民，无论是在杭州还是在苏州，都为民众做了许多好事，然而曾经那种毕露的锋芒终究不再了。"冥怀齐宠辱，委顺随行止""乐天知命""明哲保身"成为他晚年的主要思想。

他写下《醉吟先生传》，为自己取号"香山居士"，不再过问政治，虔诚地念佛诵经，打坐修禅。在人生最后的日子里，他病情沉重，不得已将家中资产尽数变卖，并辞去了心爱的舞姬樊素，留下一首《春尽日宴罢，感事独吟》：

五年三月今朝尽，客散筵空独掩扉。
病共乐天相伴住，春随樊子一时归。
……

白居易：半生居易，一世乐天 91

唐文宗开成三年（838年），白居易67岁了，在洛阳担任太子少傅，很是清闲。他与刘禹锡常常一同饮酒，回忆起往昔的日子，不胜感慨。

朋友圈 20:28

白居易
最近常常想起过往的人与事，想起在杭州畅快游玩的日子，想起与微之酬诗唱和的日子，一转眼一辈子就这样过去了……
三首《忆江南》送给大家吧！
江南好，风景旧曾谙；日出江花红胜火，春来江水绿如蓝。能不忆江南？
江南忆，最忆是杭州；山寺月中寻桂子，郡亭枕上看潮头。何日更重游！
江南忆，其次忆吴宫；吴酒一杯春竹叶，吴娃双舞醉芙蓉。早晚复相逢！

东都洛阳

♡ 刘禹锡,裴度

刘禹锡：乐天兄，你这三首《忆江南》深得民歌情味呀！
白居易回复刘禹锡：还是不及你早年写的那些呀，尤其是那句"东边日出西边雨，道是无晴却有晴"，我可是记忆尤深哪。
裴度：乐天兄，我送给你的马可还顺心？
白居易回复裴度：裴相公送的马当然好了，为了表达我的谢意，给你写了一首诗，私发给你哈！

> 这年春，宰相裴度赠马，白居易以《酬裴令公赠马相戏》诗酬谢。

唐武宗会昌二年（842年），白居易罢太子少傅分司，改以刑部尚书致仕。同年七月，经历了八个皇帝的刘禹锡与世长辞，享年71岁。与刘禹锡同年的白居易不胜感伤，为他写下《哭刘尚书梦得二首》。

白居易

四海齐名白与刘，百年交分两绸缪。
同贫同病退闲日，一死一生临老头。
杯酒英雄君与操，文章微婉我知丘。
贤豪虽殁精灵在，应共微之地下游。
……

梦得兄，一路好走！这杯酒，敬你！

东都洛阳

♡ 李绅,裴度

李绅：乐天兄，节哀！
白居易回复李绅：唉，我们真是老了，老到只剩下失去了。微之走了，梦得走了，文昌走了，仲初也走了，我也快要走咯！
李绅回复裴度：乐天兄，你……
白居易回复李绅：李兄，你放心吧，我只是一时感慨罢了。别看我表面上多愁善感，其实有着一颗异常粗犷的心。

会昌五年（845年），74岁的白居易还经常和一些退休在家的高寿老人一起宴游。这一年的三月二十四日，白居易在履道坊成立了一个"尚齿之会"，这便是有名的洛阳"七老会"，同年夏天又发展成"九老会"。

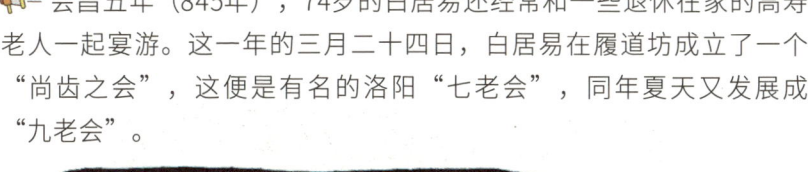

白居易

七人五百七十岁，拖紫纡朱垂白须。
手里无金莫嗟叹，樽中有酒且欢娱。
诗吟两句神还王，酒饮三杯气尚粗。
嵬峨狂歌教婢拍，婆娑醉舞遣孙扶。
天年高过二疏傅，人数多于《四皓图》。
除却三山五天竺，人间此会更应无。
只要我们的心不老，哪怕容颜憔悴了，我们也永远年轻，永远热泪盈眶！！！

东都洛阳

♡ 李商隐

李商隐：好久不见，白老师身体可还好？
白居易回复李商隐：多谢关心，我还好，听说你在秘书省做事，感觉咋样？
李商隐回复白居易：一言难尽，做官不易，做好官更不易啊！
白居易回复李商隐：义山，倘若志不能兼济，那便行在独善。
李商隐回复白居易：嗯呐，改天我去洛阳看您，当面请您指教。

> 九老，亦称"香山九老""洛中九老""会昌九老"，包括胡杲、吉皎、郑据、刘贞、卢贞、张浑、白居易、李元爽、禅僧如满等九位七十岁以上老人。

> 李商隐与白居易是忘年交，两人年龄相差四十岁左右，交情却很是深厚。白居易去世后，李商隐为其撰写了墓志铭。

📢 会昌六年（846年）八月，白居易卒于洛阳履道里第，赠尚书右仆射，年75岁。十一月，葬洛阳龙门香山如满法师塔之侧。

盛世大唐
25分钟前

#著名诗人白居易去世#
公元846年，著名诗人白居易离世，享年75岁。白居易，字乐天，号香山居士，又号醉吟先生。杜甫之后，他是唐代另一伟大的现实主义诗人，与元稹共同倡导的新乐府运动，影响巨大。
《新乐府》五十首，《秦中吟》十首，均可看出白居易对现实的关照、对豪强权贵的鞭挞、对贫苦民众的同情，他是行走在大地上的诗人，他的诗歌永远坚定地站在广大劳苦民众的一边。愿一路走好！

转发 2.3万　　评论 1.3万　　点赞 35万

按热度

唐宣宗李忱
吊白居易
缀玉联珠六十年，谁教冥路作诗仙？
浮云不系名居易，造化无为字乐天。
童子解吟长恨曲，胡儿能唱琵琶篇。
文章已满行人耳，一度思卿一怆然。

共1.2万条回复 >

6389　　1.2万　　17.2万

结语

"居易"，"乐天"，是很多人向往和追求的。

纵观白居易一生，虽然关心时事，多有讽喻之作，也曾被贬，但他一直拥有非常平和的心态，为官时心系百姓，半隐时独善其身，所以他得以衣食无忧，落得善终。

他的良好心态，还表现在与人交往上。韩愈对他不冷不热，但他始终对韩愈礼敬有加。他写诗，怕人读不懂，会先给老婆婆看。他对比他小四十来岁的李商隐，不仅没摆任何架子，甚至因为喜欢他的诗而希望死后能投胎做他的儿子（"我死后，得为尔儿足矣"）。

而今，当我们在传唱他的诗的时候，不论是讽喻诗、闲适诗还是感伤诗，总能想起那个能在人生的不同境遇中安放好自己灵魂的诗人。

第四章

刘禹锡、柳宗元：朋友一生一起走

大唐的历史进入中期后，随着韩愈、白居易等人一起登上历史舞台的，还有刘禹锡和柳宗元。

刘禹锡、柳宗元这两大文豪，在用笔墨书写诗歌、散文盛世的同时，还用他们真挚纯粹的友情深深地打动人们，让人们千百年来津津乐道。

"朋友一生一起走"，这是一个最好的时代，这也是一个最坏的时代。只因为有了彼此的陪伴，前方的路不再孤单！

刘禹锡、柳宗元关系图

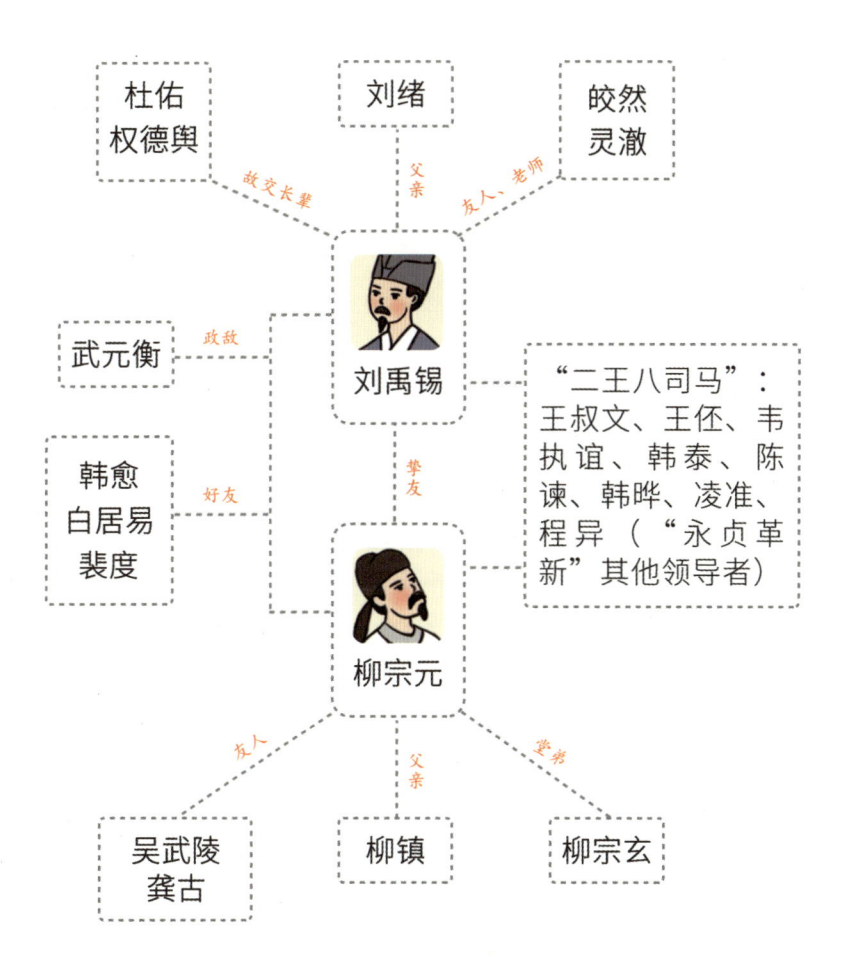

- 杜佑、权德舆 —故交长辈— 刘禹锡
- 刘绪 —父亲— 刘禹锡
- 皎然、灵澈 —友人、老师— 刘禹锡
- 武元衡 —政敌— 刘禹锡
- 韩愈、白居易、裴度 —好友— 刘禹锡
- 刘禹锡 —挚友— 柳宗元
- "二王八司马":王叔文、王伾、韦执谊、韩泰、陈谏、韩晔、凌准、程异("永贞革新"其他领导者)
- 吴武陵、龚古 —友人— 柳宗元
- 柳镇 —父亲— 柳宗元
- 柳宗玄 —堂弟— 柳宗元

一、"大唐诗坛CP"评选活动

说到大唐诗坛的好朋友，你会想到谁？李白与杜甫、韩愈与孟郊、白居易与元稹，还是刘禹锡与柳宗元？你觉得他们之中的哪对最有CP感呢？

别着急，往下看，你想知道的都在这里！

📢 随着天才诗人的不断涌现,一个个关系极好的诗人组合引起了人们的关注。在粉丝的热切期盼下,善解人意的"盛世大唐"官微发起了一场"大唐诗坛CP"评选活动。

盛世大唐
25分钟前

各位小可爱,首届"大唐诗坛CP"评选活动结果出炉,我们的冠军就是——"刘柳CP"!恭喜他们!也祝愿他们友谊的小船平平稳稳,永远不翻!@刘禹锡@柳宗元

刘柳CP:朋友一生一起走	31.5万
韩孟CP:云龙相会 不平则鸣	28.9万
李杜CP:醉眠秋共被 携手日同行	25.3万
元白CP:倘有来生 再做情人	23.2万

转发 22万　　**评论 3.5万**　　点赞 52万

千杯不醉李太白
不服,主办方有猫腻,我们盛唐李杜怎么会输?!

杜甫:白哥,大家都说我爱着你,你却爱着那个他。
孟浩然:那个他就是我呀!"吾爱孟夫子,风流天下闻"。
汪伦:明明是我,"桃花潭水深千尺,不及汪伦送我情"。
杜甫:白哥,你看看你给别人写的诗,多么情意绵长,再看看你给我写的诗,"借问别来太瘦生,总为从前作诗苦",太敷衍了,我俩明明就是单恋CP。😒

共45312条回复 >

转发 22万　　评论 3.5万　　点赞 35万

不平则鸣韩退之
我也觉得主办方有猫腻,我跟老孟的感情,苍天可鉴!"我愿身为云,东野变为龙。四方上下逐东野,虽有离别无由逢。"这还不够天下第一吗?"韩诗孟笔"也白叫了吗?

> 张籍:对呀,老韩老孟的感情,我们整个韩孟诗派、整个国子监的人都可以作证!
> 贾岛:可能是我拖了后腿,有人说"郊寒岛瘦",我跟老孟才是苦命的一对……
>
> 共39651条回复 >

白居易
"死生契阔者三十载,歌诗唱和者九百章",微之呀,你说咱俩都秀了几十年恩爱,咋还没成"最佳CP"呢?@元稹

> 元稹:呃,大家都说我是"渣渣稹",娶了韦丛又爱薛涛……可我"弱水三千"是一瓢一瓢饮,没有同时饮的啊……
>
> 共38241条回复 >

二、朋友一生一起走

　　安史之乱后,整个唐王朝的国势便急转而下,真可谓"飞流直下三千尺"。便在这危急存亡的关头,以王叔文、刘禹锡、柳宗元等为首的革新者,登上了历史的舞台。

　　公元805年,唐顺宗李诵即位,大力任用王叔文、刘禹锡、柳宗元、吕温、陆质等人,革除"宫市",打击宦官专权,削弱藩镇势力,此举让老百姓纷纷点赞。

　　然而这位创造了许多"唐代帝王之最"——位居储君时间最长、加谥号字数最多的皇帝,终于又创造了另外两个"之最"——唐代在位时间最短、从皇帝到太上皇"速度最快"。

　　短短几个月后,这场变革就因宦官和藩镇势力的联合阻挠,宣布告终。而刘禹锡、柳宗元等参与"永贞革新"的人也随之被贬。

📢 公元805年,唐宪宗即位后,大力打击"永贞革新"者。"革新"领袖王叔文被赐死,刘禹锡、柳宗元等其他几位"革新"主力也陆续被贬谪,史称"二王八司马"事件。

大唐热搜榜

1. 唐顺宗李诵退位,太子李纯继位 热
2. "永贞革新"失败 爆
3. "永贞革新"领导者王叔文被赐死 沸
4. "二王八司马"事件 沸
5. "刘柳"被贬 沸

转发 22万　　**评论 3.5万**　　点赞 52万

白居易
32分钟前

#"永贞革新"失败#　　唉，真是可惜了，废除"宫市"、打击宦官专权，削弱藩镇势力，"永贞革新"的确不失为一次大刀阔斧的变革。

　2.1万　　　4.3万　　　23万

刘柳铁粉
20分钟前

#"刘柳"被贬#　啊啊啊啊啊，我的"刘柳CP"，我永远是你们的忠实粉丝，爱豆不哭！

　1.2万　　　2.5万　　　16.5万

吃瓜群众一枚
5分钟前

#唐顺宗李诵退位，太子李纯继位# 大唐的王朝又要变天了！唉，我们这些普通民众可怎么过哟！

　5645　　　2645　　　82479

📢 公元805年岁末，33岁的柳宗元携着67岁的母亲，跋山涉水来到了贬谪地——永州零陵。由于满腔的愤懑屈辱，山水成了他排遣孤独的唯一出口。

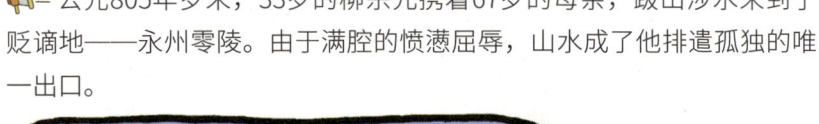

柳宗元
今天和堂弟宗玄、友人吴武陵、龚古等一起去山间散心，意外发现了一片小石潭，那里的水清澈极了，鱼儿在水中轻快地游动，我的心情依旧凄然。
写一篇《小石潭记》："从小丘西行百二十步，隔篁竹，闻水声，如鸣佩环，心乐之。伐竹取道，下见小潭，水尤清冽……"

永州零陵

♡ 刘禹锡,韩愈

刘禹锡：子厚呀，开心些，一切都会好起来的。
柳宗元回复刘禹锡：梦得兄，谢谢你的开解。你在朗州一切可还好？
刘禹锡回复柳宗元：世道剧颓波，我心如砥柱。
柳宗元回复刘禹锡：梦得兄不愧是我心中真正的猛士，我得好好向你学学。
刘禹锡回复柳宗元：子厚，你要始终相信，谁都会背叛你，但肥肉不会，我也不会。
柳宗元回复刘禹锡：……

> 到永州后不久，柳宗元母亲病逝。失去亲人的痛苦、贬官的屈辱、政治理想的落空，让柳宗元开始寄情于山水，写下了脍炙人口的名篇——《永州八记》。

> 《永州八记》指《始得西山宴游记》《钴鉧潭记》《钴鉧潭西小丘记》《小石潭记》《袁家渴记》《石渠记》《石涧记》《小石城山记》八篇游记，其中《小石潭记》最有名，并被收入了中学语文课本。

刘禹锡、柳宗元：朋友一生一起走

📣 在永州，柳宗元除了每天旷班偷偷跑到罕无人迹的山林间，还特别喜欢披着蓑衣在寒江冰雪间独钓。你若问他钓的是什么，他也许会高冷地回答："我在钓我沉埋在冰雪间的梦。"

柳宗元
江雪
千山鸟飞绝，万径人踪灭。
孤舟蓑笠翁，独钓寒江雪。

自从写了这首诗，大家都叫我"千万孤独柳江雪"。这个称呼虽然自带buff，但其实我更想被大家叫作……

永州

♡ 刘禹锡,白居易,裴度,韩愈

刘禹锡：钮钴禄·柳宗元 😏
白居易：柳高冷
裴度：芳心纵火犯 🐕
韩愈：宝藏男孩 PS:楼上是认真的吗？
柳宗元：呃……你们这样很容易失去我的😊
柳宗元：俺就想做个追梦少年，咋就这么难呢？

📢 被贬十年后,元和九年(814年)十二月,刘禹锡与柳宗元终于迎来了重生的转机。刘禹锡等人将要被召回长安的消息一经传出,顿时震动了整个大唐。

柳宗元

子厚兄,我俩可算是守得云开见月明了,开心!

是呀,这一贬就是十年,我俩真是太"南"了。

也许这就是所谓的苦尽甘来吧!此时此刻,我突然很想吟诗一首。

梦得兄,我洗好耳朵了。

莫道谗言如浪深,莫言迁客似沙沉。千淘万漉虽辛苦,吹尽狂沙始到金。

厉害了,我的刘!

这首诗,旷达中不失坚韧,豪迈中自有风骨。

高端大气上档次,又低调奢华有气质,这是什么绝美诗句,简直了!

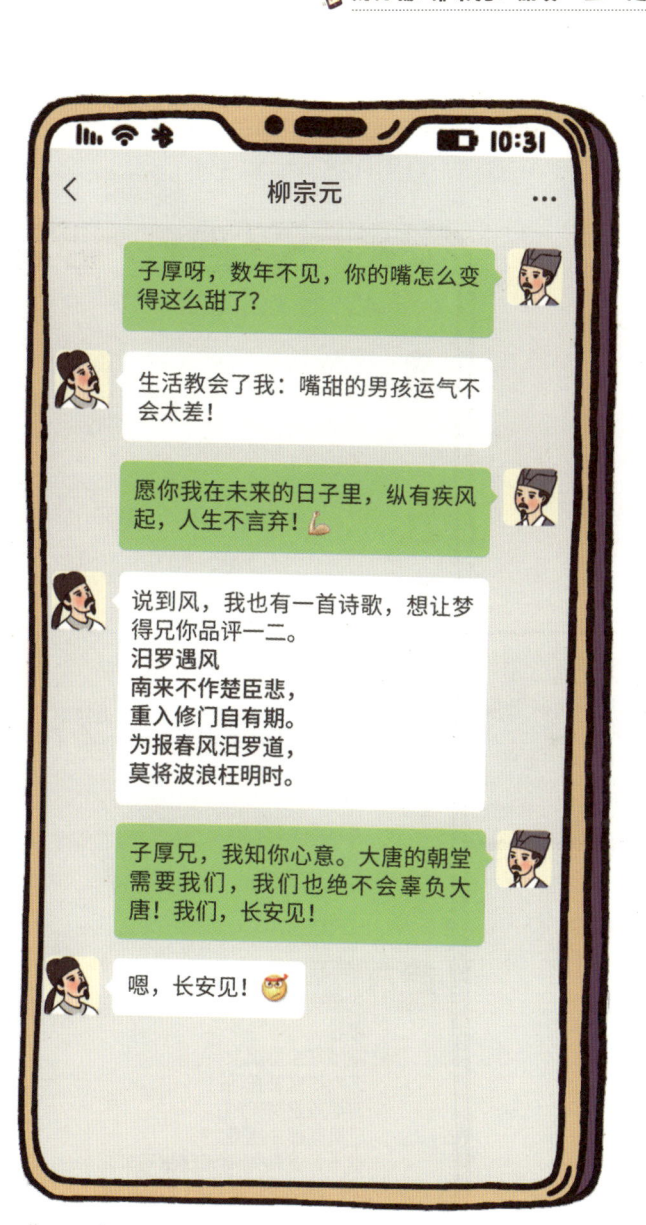

刘禹锡、柳宗元：朋友一生一起走　109

柳宗元

> 子厚呀，数年不见，你的嘴怎么变得这么甜了？

生活教会了我：嘴甜的男孩运气不会太差！

> 愿你我在未来的日子里，纵有疾风起，人生不言弃！💪

说到风，我也有一首诗歌，想让梦得兄你品评一二。
汨罗遇风
南来不作楚臣悲，
重入修门自有期。
为报春风汨罗道，
莫将波浪枉明时。

> 子厚兄，我知你心意。大唐的朝堂需要我们，我们也绝不会辜负大唐！我们，长安见！

嗯，长安见！😇

📢 元和十年（815年），刘禹锡、柳宗元终于再次回到长安。阔别十年，两人有一肚子的话要说，还相约去城外玄都观观赏桃花。可谁料，刘禹锡的一首诗，竟为他们俩带来大祸。

> 武元衡，唐中期政治家、诗人，与刘禹锡、柳宗元等人有矛盾冲突，于元和十年六月遇刺而死（不是刘禹锡干的，是藩镇势力派人刺杀的）。

大唐工作群（36）

李纯：诸位爱卿，今日是刘禹锡、柳宗元等回朝的日子，让我们用掌声欢迎他们！

裴度：🌼

白居易：🌼

武元衡：圣人且慢，我有事禀奏。刘禹锡刚刚回朝，就把朝堂诸公骂了个遍。

刘禹锡：我骂谁了我？

李纯：怎么回事？

武元衡：
元和十年自朗州承召至京戏赠看花诸君子
紫陌红尘拂面来，
无人不道看花回。
玄都观里桃千树，
尽是刘郎去后栽。
圣人，这是刘禹锡前日写的诗。他不只骂朝臣，他还骂了圣人您。

刘禹锡、柳宗元：朋友一生一起走　111

大唐工作群（36）

刘禹锡：武中丞，你这可就冤枉我了，我明明是在赏花。

李纯：小刘呀，你一贬就是十年，心有不满想要埋怨两句，朕也可以理解，但说脏话可是不对的。

刘禹锡：我没……

李纯：暗中讽刺也不行！

武元衡：对呀，刘禹锡以桃树来形容朝臣，说我们都是他刘禹锡离开朝堂后爬上来的，这就是讽刺圣人您识人不明啊……

刘禹锡：呵呵，话都被你说尽了！

李纯：@刘禹锡，朕刚让你回朝，你就敢骂朕？是谁给你的勇气？

刘禹锡：那可能是梁翠萍吧。

大唐工作群（36）

李纯：梁翠萍是谁？

刘禹锡：梁静茹的本名。

李纯：……你彻底激怒了朕！播州那么远，你且去看看。

柳宗元：圣人，世间如此美好，何必如此暴躁？

李纯：听说你俩关系很好，还入选了什么"大唐诗坛CP"，那朕就让你俩做对难兄难弟吧！听说柳州也不错，你就去那里吧！

柳宗元：圣人，播州荒僻，刘禹锡家中尚有八十老母，臣愿和他换一个地方。

裴度：圣人，大唐能有此牺牲自我而成就友人孝义的佳话，实在是蒙您的教化呀！请圣人成全。

刘禹锡、柳宗元：朋友一生一起走 113

白居易
请圣人法外施恩，成全友人情谊、孝子之心，必定能让天下臣民同感圣上恩泽。

李纯
既如此，朕便依各位爱卿所言。令柳宗元出刺柳州，刘禹锡改刺连州。尔等一定要悔过自新！

刘禹锡
呵呵哒，你是大佬，你啥都对。

李纯
……

"刘禹锡"撤回了一条消息

刘禹锡
圣人，我说的是"么么哒"，手滑打错字了……

> 播州，今贵州省遵义市。柳州，位于今广西中北部。连州，位于今广东省北部。当时这些地方都是未开发的荒蛮之地。

元和十年六月下旬，柳宗元经过三个多月艰难跋涉后抵达柳州。柳州地处偏远，毒蛇猛兽肆虐，再加上社会暴动不断，很不安宁。初到这里的柳宗元情绪很是低落。

柳宗元
登柳州城楼寄漳汀封连四州
城上高楼接大荒，海天愁思正茫茫。
惊风乱飐芙蓉水，密雨斜侵薜荔墙。
岭树重遮千里目，江流曲似九回肠。
共来百越文身地，犹自音书滞一乡。

柳州城楼

♡ 刘禹锡,韩泰,韩晔,陈谏

刘禹锡：命运就算颠沛流离
韩泰：命运就算曲折离奇
韩晔：命运就算恐吓着你做人没趣味
陈谏：别流泪心酸更不应舍弃
刘禹锡：@韩泰@韩晔@陈谏 我们愿能一生永远陪伴你 @柳宗元
柳宗元：谢谢大家，有你们真好！

> 漳汀封连四州，代指与柳宗元同时被远迁的漳州（今福建龙溪）刺史韩泰、汀州（今福建长汀）刺史韩晔、封州（今广东封川）刺史陈谏、连州（今广东连县）刺史刘禹锡，这些人都是"永贞革新"失败后一起被贬出京的"二王八司马"之成员。

刘禹锡、柳宗元：朋友一生一起走　115

📢 元和十四年（819年），在长久的心力交瘁下，柳宗元终于不堪重负，因病而逝。彼时，刘禹锡正护送母亲的灵柩途经衡阳，听闻噩耗，顿时涕泪并落。

朋友圈

刘禹锡
重至衡阳伤柳仪曹
忆昨与故人，湘江岸头别。
我马映林嘶，君帆转山灭。
马嘶循古道，帆灭如流电。
千里江蓠春，故人今不见。

子厚，你曾说，有一天你我二人倘能蒙皇恩容许，当一道归隐山林，比邻而居。我心中一直不曾忘记，哪知你如今却这般离我而去，连最后一面也见不到。你且放心地走吧，我会好好将你的儿子抚养成人。待我魂归九泉之时，我们再把酒言欢！

衡阳

白居易：梦得兄，你也莫要太过悲伤了。子厚身世凄苦，又心性敏感，在人世的日子过得并不快活，对他来说，这未必是件坏事。
刘禹锡回复白居易：乐天兄，我又何尝不知晓。只是我与他数十载的情谊，单想想再也见不到他，心中就悲痛难当啊！
白居易回复刘禹锡：🧑
裴度：子厚兄，一路走好，在另一个世界，你定会是最勇敢的追梦少年！
韩愈：子厚兄，一路走好！🙏

> 柳宗元去世后，韩愈为其作《柳子厚墓志铭》。

三、有些人从不会走，因为有人挂念着

柳宗元走了，刘禹锡的旅程从此变得孤单了。往后的寒风冷雨，他都得一个人扛了，开心时无人分享，悲伤时无人倾诉。

但他慢慢知道，只要自己还挂念着子厚，子厚就永远驻足在自己心间。

📢 唐穆宗长庆二年（822年），刘禹锡调任夔州刺史。其间，他与当地民众一起下田劳作，一起围猎烧烤，一起和着音乐载歌载舞，日子过得倒是痛快。

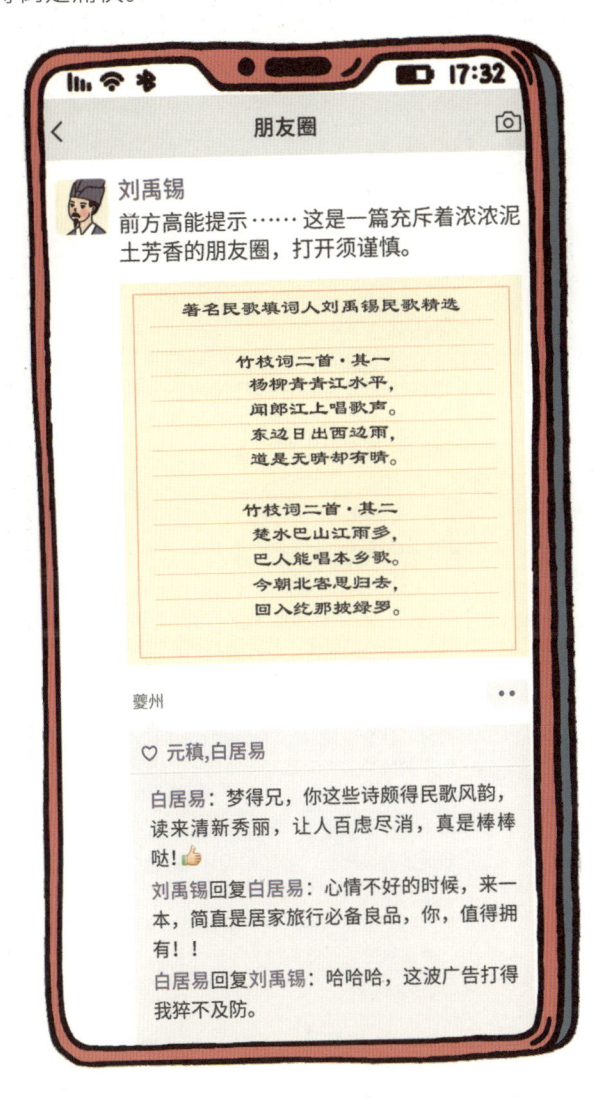

朋友圈

刘禹锡
前方高能提示……这是一篇充斥着浓浓泥土芳香的朋友圈，打开须谨慎。

> 著名民歌填词人刘禹锡民歌精选
>
> 竹枝词二首·其一
> 杨柳青青江水平，
> 闻郎江上唱歌声。
> 东边日出西边雨，
> 道是无晴却有晴。
>
> 竹枝词二首·其二
> 楚水巴山江雨多，
> 巴人能唱本乡歌。
> 今朝北客思归去，
> 回入纥那披绿罗。

夔州

♡ 元稹，白居易

白居易：梦得兄，你这些诗颇得民歌风韵，读来清新秀丽，让人百虑尽消，真是棒棒哒！👍

刘禹锡回复白居易：心情不好的时候，来一本，简直是居家旅行必备良品，你，值得拥有！！

白居易回复刘禹锡：哈哈哈，这波广告打得我猝不及防。

📣 长庆四年（824年）夏，刘禹锡被调任和州（今安徽和县）刺史。途中，他写下了有名的怀古诗《西塞山怀古》。

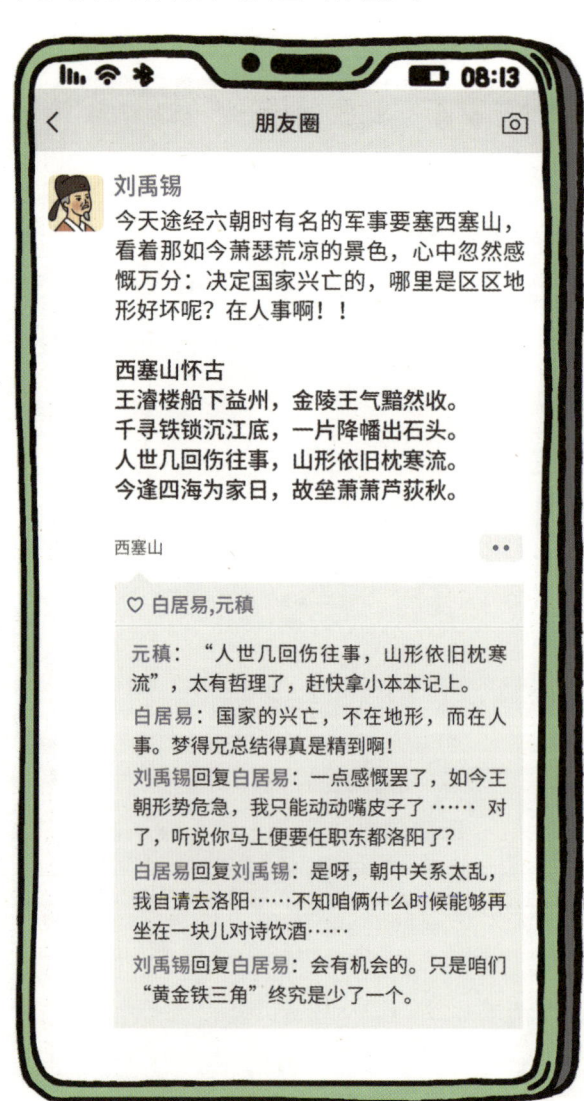

刘禹锡
今天途经六朝时有名的军事要塞西塞山，看着那如今萧瑟荒凉的景色，心中忽然感慨万分：决定国家兴亡的，哪里是区区地形好坏呢？在人事啊！！

西塞山怀古
王濬楼船下益州，金陵王气黯然收。
千寻铁锁沉江底，一片降幡出石头。
人世几回伤往事，山形依旧枕寒流。
今逢四海为家日，故垒萧萧芦荻秋。

西塞山

♡ 白居易,元稹

元稹：“人世几回伤往事，山形依旧枕寒流”，太有哲理了，赶快拿小本本记上。
白居易：国家的兴亡，不在地形，而在人事。梦得兄总结得真是精到啊！
刘禹锡回复白居易：一点感慨罢了，如今王朝形势危急，我只能动动嘴皮子了……对了，听说你马上便要任职东都洛阳了？
白居易回复刘禹锡：是呀，朝中关系太乱，我自请去洛阳……不知咱俩什么时候能够再坐在一块儿对诗饮酒……
刘禹锡回复白居易：会有机会的。只是咱们"黄金铁三角"终究是少了一个。

刘禹锡、柳宗元：朋友一生一起走 119

📢 和州的知县是个欺软怕硬的势利小人，他看见刘禹锡失势贬官了，就处处刁难他，落井下石。然而，他忘记了，站在他面前的可是大唐第一怼人专业户。

刘禹锡
叮，今天又解锁了一篇文章——《陋室铭》。果然怼怼更健康，古人诚不欺我！@和州知县 谢谢您的陪练了。

和州

♡ 白居易，元稹

和州知县：哼，哼，哼 😤
刘禹锡回复和州知县：哼，是最低级别的怼人。知县大人，智商情商双忧呀！
白居易：梦得兄，你这篇《陋室铭》写得真好呀！深藏不露。
刘禹锡回复白居易：乐天何出此言？
白居易："斯是陋室，惟吾德馨"，看似低调，其实是在暗戳戳夸自己品德好呢！
刘禹锡回复白居易：哈哈哈，这都被你看出来了 😳

和州知县见刘禹锡失势，便将他的住房条件越降越低，到最后只分给他一间斗室，仅容一桌一椅一床。刘禹锡却浑不以为意，反而写下了一首留名后世的《陋室铭》。

📢 唐敬宗宝历二年（826年），在被贬二十二年之后，刘禹锡终于奉命回洛阳。途经扬州时，他与白居易相逢，两位挚友在酒席上把酒言欢。

刘禹锡

今天和乐天久别重逢，我俩一起聊聊往昔，一起感慨现在，一起憧憬未来，好久没有这样开心了。@白居易

酬乐天扬州初逢席上见赠
巴山楚水凄凉地，二十三年弃置身。
怀旧空吟闻笛赋，到乡翻似烂柯人。
沉舟侧畔千帆过，病树前头万木春。
今日听君歌一曲，暂凭杯酒长精神。

扬州

♡ 白居易，元稹

白居易："沉舟侧畔千帆过，病树前头万木春"，梦得兄，你就是打不死的小强！👍

刘禹锡回复白居易：那你就是我的"强友"，哈哈！"亦知合被才名折，二十三年折太多"，多亏了你的赞赏和鼓励！人间知己难求，子厚是一个，你是另一个。

元稹回复白居易：你们一起聊星星聊月亮，从诗词歌赋聊到人生哲学。🦉

白居易回复元稹：有问题吗？

元稹回复白居易：柠檬树上柠檬果，柠檬树下只有我。

白居易回复元稹：微之，好好说话。

元稹回复白居易：酸了，我的心里只有你，你的心里人却那样多。哼，怪不得我俩评不上最佳CP，原来原因在你身上。

> 此次相会，白居易有诗《醉赠刘二十八使君》：
> 为我引杯添酒饮，
> 与君把箸击盘歌。
> 诗称国手徒为尔，
> 命压人头不奈何。
> 举眼风光长寂寞，
> 满朝官职独蹉跎。
> 亦知合被才名折，
> 二十三年折太多。

📢 唐文宗大和元年（827年），刘禹锡回到洛阳，次年回到长安任主客郎中，重游玄都观。已经56岁的他，骨子里却仍是那个倔强、洒脱、爱怼人的少年郎。

刘禹锡

再游玄都观绝句
百亩庭中半是苔，桃花净尽菜花开。
种桃道士归何处，前度刘郎今又来。
我老刘如今又回来了，你们这些宵小却又在何方呢？

扬州

♡ 白居易

白居易：梦得兄，你这一声怒喊，当真气势非凡 👍

刘禹锡回复白居易：历史终究是属于我们这些革新者的，从前的路我们失败了，可并不代表我们的路是错的。

白居易回复刘禹锡："永贞革新"的影响力有目共睹，你们做的是对王朝有益的事！

刘禹锡回复白居易：如今我虽然老了，然而心里总愿如魏武帝曹操一般，老骥伏枥，志在千里。

白居易回复刘禹锡：梦得兄，我们的大唐正走着下坡路，她需要我们，我们也需要她！

刘禹锡回复白居易：👍

📢 唐武宗会昌二年（842年）秋，刘禹锡与世长辞，时年71岁。白居易为他写下《哭刘尚书梦得二首》抒发自己的哀悼之情，并表达自己对刘禹锡人格的敬仰。

#著名诗人、民歌创作人刘禹锡逝世#

阅读32.2万 讨论3281 详情
主持人：盛世大唐官微

置顶

盛世大唐
25分钟前

#著名诗人、民歌创作人刘禹锡逝世# 著名诗人刘禹锡，曾是轰动一时的"永贞革新"的主力，一生刚直敢言，诗作中充溢着一股洒脱豁达之气，所作民歌体诗歌亦清新秀丽，不失为大唐一位伟大的诗人。愿一路走好。🙏

↗ 6104　💬 9326　👍 29.2万

热门

刘柳铁粉
20分钟前

#著名诗人、民歌创作人刘禹锡逝世# 梦得，走好！
哭刘尚书梦得
四海齐名白与刘，百年交分两绸缪。
同贫同病退闲日，一死一生临老头。
杯酒英雄君与操，文章微婉我知丘。
贤豪虽殁精灵在，应共微之地下游。

↗ 4504　💬 5423　👍 15.5万

四、守护最好的友情

在中唐的历史上,刘禹锡与柳宗元虽不是最闪耀的存在,但是他们之间那种深厚的友情在历经千年后仍旧打动一代代的人。

📢 刘柳的深厚友谊,关乎年少的相识,关乎同朝为官的相互扶持,关乎同遭贬谪的彼此慰藉,关乎生死关头全无保留的信任,关乎那一份打动人心的真情。

守护最好的友情 超话

19万粉丝
阅读 5.4亿　帖子 8.3万

帖子　**精华**　名人动态　视频

守护最好的友情
25分钟前

#守护最好的友情# 以柳易播
我决不允许有人没听过这段故事:公元815年,刘禹锡、柳宗元再次被贬,一个被贬柳州,另一个被贬播州。播州荒僻,柳宗元念及刘禹锡还有80岁老母要照顾,便主动提出用柳州易播州。唉,真是满满的爱呀!

⤴ 4.3万　　💬 1.2万　　👍 15.8万

热门

刘柳铁粉
20分钟前

#守护最好的友情# 携手归隐
重别梦得
二十年来万事同,今朝歧路忽西东。
皇恩若许归田去,晚岁当为邻舍翁。
倘皇恩浩荡,我俩便一同归隐,比邻而居。唉,这首诗真是……最好的友情,也不过如此……

⤴ 3.8万　　💬 1.5万　　👍 13.4万

刘禹锡、柳宗元：朋友一生一起走

守护最好的友情

超话

19万粉丝
阅读5.4亿　帖子8.3万

帖子　　**精华**　　名人动态　　视频

刘柳友谊地久天长
25分钟前

#守护最好的友情# 泪目，这是我听过最深情的遗嘱。
柳宗元临死前，几次写信，请刘禹锡代为照管自己的子女，并将一生的全部文稿托付给他。弥留之际，他口中还断断续续地呼唤"吾友梦得"。
而刘禹锡，得知这一噩耗时，"惊号大叫，如得狂病。良久问故，百哀攻中。涕泪并落，魂魄震越"。
因为无比信任你，才愿意把自己的家人、珍贵的文稿尽皆托付给你……呜呜呜，这是什么神仙友谊，要哭了！！

5.4万　　　3.2万　　　22.1万

第五章

晚唐诗人：
夕阳无限好，
何必近黄昏

从唐敬宗、唐文宗时期开始，大唐帝国便开始了较为明显的衰败，内有宦官专权、党争频繁，外有藩镇割据，战乱屡起。

无论是王朝的形势还是诗坛的趋势，都开始逐渐没落。

如果用四季来形容各个时期的文学，那么初唐文学便有如春花初绽、春水初生，是萌芽，是希望；盛唐文学则是蓬勃、热烈的盛夏，是昂扬，是气度；中唐文学是萧瑟的初秋，寒风虽使得草木凋零，却又有累累果实，昭示着另一种收获；而晚唐是寒冬迫近前的深秋，是长夜到来前的黄昏，是诗人们嘶哑喉咙里歌出的最后的灿烂……

晚唐是唐诗某种意义上的结束，但未尝不是另一种意义上的新生！

晚唐诗人关系图

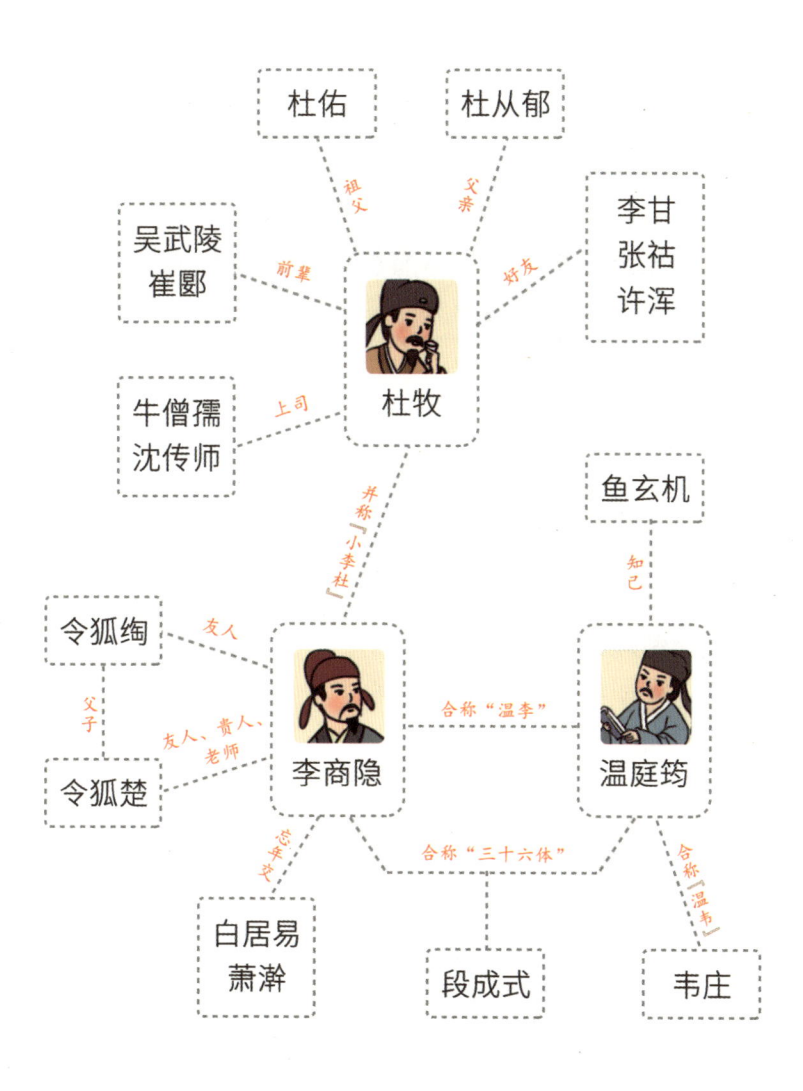

- 杜佑 —(祖父)— 杜牧
- 杜从郁 —(父亲)— 杜牧
- 李甘、张祜、许浑 —(好友)— 杜牧
- 吴武陵、崔郾 —(前辈)— 杜牧
- 牛僧孺、沈传师 —(上司)— 杜牧
- 杜牧 —(并称"小李杜")— 李商隐
- 鱼玄机 —(知己)— 温庭筠
- 令狐绹 —(友人)— 李商隐
- 令狐楚 —(友人、贵人、老师)— 李商隐
- 令狐绹 —(父子)— 令狐楚
- 李商隐 —(合称"温李")— 温庭筠
- 白居易、萧澣 — 李商隐
- 李商隐 —(合称"三十六体")— 段成式
- 温庭筠 —(合称"温韦")— 韦庄

一、晚唐诗人特别采访记

提及晚唐诗人,你最先会想到谁?

是以无题诗称雄的李商隐、以咏史诗流芳的杜牧、以花间词闻名的温庭筠,还是留下"易求无价宝,难得有情郎"的鱼玄机?又或者是乱世枭雄黄巢、洛阳才子韦庄、隐逸诗人陆龟蒙与皮日休?还是讽喻社会丧乱的诗人罗隐……

但是,你知道李商隐晦涩的字句里有着怎样的深情吗?

你知道风流浪荡的杜牧也有着犀利冷峻的一面吗?

你知道温庭筠玩世不恭的背后有过怎样的悲伤吗?

你知道鱼玄机身上承载着多少女子的不幸吗?

你又知道,晚唐诗人的命运是如何与走入低谷的大唐王朝紧紧相连吗?

假如晚唐诗人们有一个接受采访的机会,你猜猜他们会说些什么。

晚唐诗人特别采访记,你,值得拥有!

📢 因为前面的诗人采访记引起了大家的关注，大唐诗人特别策划组再接再厉，将晚唐诗人采访记也提上了日程……

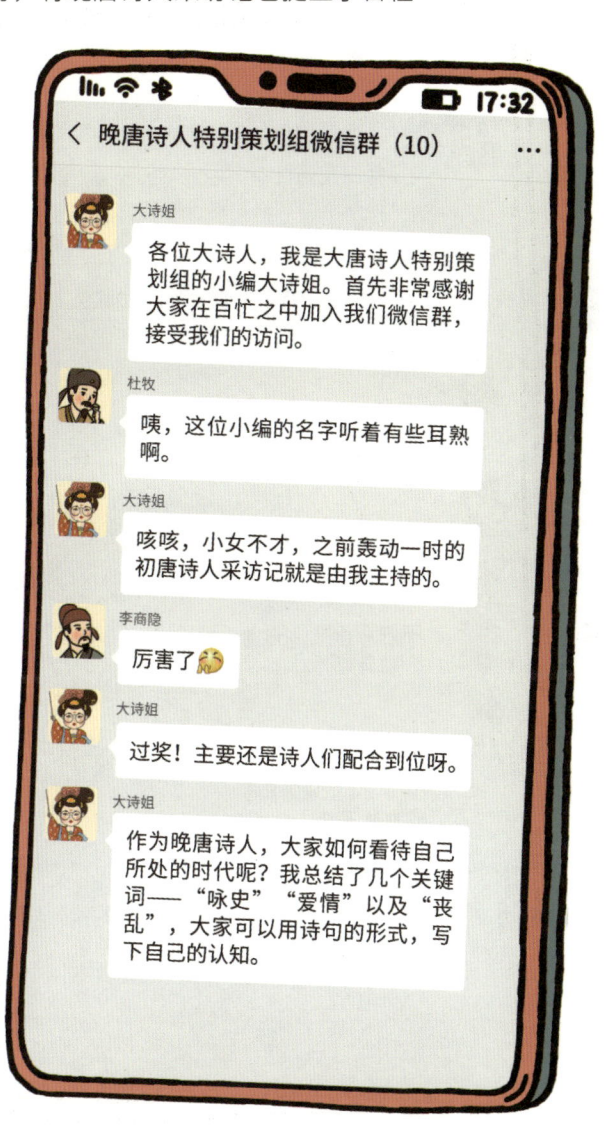

晚唐诗人特别策划组微信群（10）

大诗姐
各位大诗人，我是大唐诗人特别策划组的小编大诗姐。首先非常感谢大家在百忙之中加入我们微信群，接受我们的访问。

杜牧
咦，这位小编的名字听着有些耳熟啊。

大诗姐
咳咳，小女不才，之前轰动一时的初唐诗人采访记就是由我主持的。

李商隐
厉害了🫡

大诗姐
过奖！主要还是诗人们配合到位呀。

大诗姐
作为晚唐诗人，大家如何看待自己所处的时代呢？我总结了几个关键词——"咏史""爱情"以及"丧乱"，大家可以用诗句的形式，写下自己的认知。

晚唐诗人特别策划组微信群（10）

杜牧：那就由我先来吧！一首《泊秦淮》颇能代表我的观点，对于晚唐，我是既爱又恨，恨其不争，哀其不幸，却又爱得无比深沉。
烟笼寒水月笼沙，夜泊秦淮近酒家。
商女不知亡国恨，隔江犹唱后庭花。

李商隐：杜兄好棒！"刻意伤春复伤别，人间惟有杜司勋"。❤️

杜牧：咳咳，小李，注意场合呀。

李商隐：不好意思了，大家，面对偶像，我的心情有点激动。

李商隐：回归正题，我也有一首诗送给大家——《登乐游原》。
向晚意不适，驱车登古原。
夕阳无限好，只是近黄昏。
我们的大唐曾那样辉煌，却终究走入了黄昏。我，唉，纵然有凌云的抱负，却终究身不由己地卷入权力党争的旋涡。我拯救不了大唐，也拯救不了自己。

晚唐诗人：夕阳无限好，何必近黄昏　133

晚唐诗人特别策划组微信群（10）

许浑：我们的王朝早已危机四伏，积弊深深，就好比山雨欲来，人力又如何阻止得了呢？

大诗姐：大家的情绪似乎有些低沉，要不，我们进入第二个关键词吧——"爱情"，大家可以调整一下心情，欢快一些哈。

温庭筠：说爱情怎能少得了我温飞卿的诗呢？
井底点灯深烛伊，共郎长行莫围棋。
玲珑骰子安红豆，入骨相思知不知？
——《新添声杨柳词》

杜牧：人不风流枉少年啊！
落魄江南载酒行，楚腰纤细掌中轻。
十年一觉扬州梦，赢得青楼薄幸名。
——《遣怀》

鱼玄机：😒🙄

杜牧：？？？我做了啥，为啥对我翻白眼？

晚唐诗人特别策划组微信群（10）

鱼玄机："易求无价宝，难得有情郎"，人间千金易得，有情人却是一个也难求。

温庭筠：幼薇，你有气可以对我撒，莫要牵连旁人。

杜牧：🫠

李商隐：当你不再拥有的时候，你唯一可以做的，就是不要忘记！
君问归期未有期，巴山夜雨涨秋池。
何当共剪西窗烛，却话巴山夜雨时。
——《夜雨寄北》

黄巢：抱歉了，大家，俺来迟了。自我介绍一下，俺是农民起义军的领袖，还当了几天大齐皇帝，更重要的是，俺还是一个货真价实的诗人。一首《不第后赋菊》诗送给大家：
待到秋来九月八，我花开后百花杀。
冲天香阵透长安，满城尽带黄金甲。

郑谷："十年五年岐路中，千里万里西复东。"唉，对你们来说，战争是建功立业的手段，可对我们这些平民百姓，却意味着妻离子散、天地漂泊。

晚唐诗人：夕阳无限好，何必近黄昏　135

晚唐诗人特别策划组微信群（10）

韦庄
谁说不是呢？"内库烧为锦绣灰，天街踏尽公卿骨""家家流血如泉沸，处处冤声声动地（《秦妇吟》）"，受苦的总是老百姓。

黄巢
为啥针对我？我也很无辜啊，官逼如何不民反？

罗隐
"莫把阿胶向此倾，此中天意固难明。解通银汉应须曲，才出昆仑便不清。（《黄河》）"时世混浊，太平无望啊……

大诗姐
我知道大家都有满腹的话要说，唯其爱之深，才会恨之切啊！

大诗姐
谢谢大家的积极配合，我们这次的采访到此结束。
盛衰推移，悲也好，喜也好，一代代人消失在时间长河里，一个个朝代由繁华走向荒凉，但总有一些东西是可以长存的，比如诗歌，比如你们的名字。我们下期再会！

二、"小李杜"

盛唐时，李白和杜甫分别代表着我国古代诗歌浪漫主义和现实主义的两大高峰，并称"李杜"。

而到了晚唐，在诗坛越发沉寂衰落之时，李商隐、杜牧二人异军突起，以其诗作的广度和深度，成为晚唐诗坛的"双璧"，被称为"小李杜"。

晚唐诗人：夕阳无限好，何必近黄昏　137

📢 大和二年（828年）的科举考试前，整个长安城都在传看一篇阅读量10万+的爆款文章。时任太学博士的吴武陵拿来一看，心想，好家伙，杜牧这人也太有才了吧！这文笔，这见解，这气度，可不能让这样的栋梁被埋没。于是，吴博士自来熟地跟主考官、侍郎崔郾开启了尬聊。

> 吴武陵，唐代散文大家，为人疏狂，与柳宗元交好，《小石潭记》中有其名姓。因他爱惜人才，故向当年的主考官崔郾大力举荐杜牧，这一故事在《唐摭言》中有详细记载。

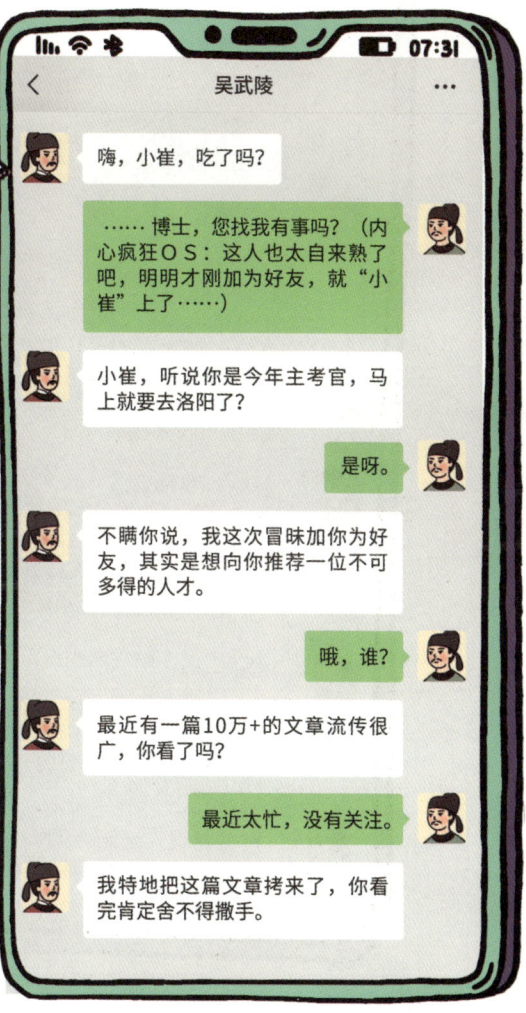

吴武陵

吴武陵：嗨，小崔，吃了吗？

崔郾：……博士，您找我有事吗？（内心疯狂OS：这人也太自来熟了吧，明明才刚加为好友，就"小崔"上了……）

吴武陵：小崔，听说你是今年主考官，马上就要去洛阳了？

崔郾：是呀。

吴武陵：不瞒你说，我这次冒昧加你为好友，其实是想向你推荐一位不可多得的人才。

崔郾：哦，谁？

吴武陵：最近有一篇10万+的文章流传很广，你看了吗？

崔郾：最近太忙，没有关注。

吴武陵：我特地把这篇文章拷来了，你看完肯定舍不得撒手。

吴武陵

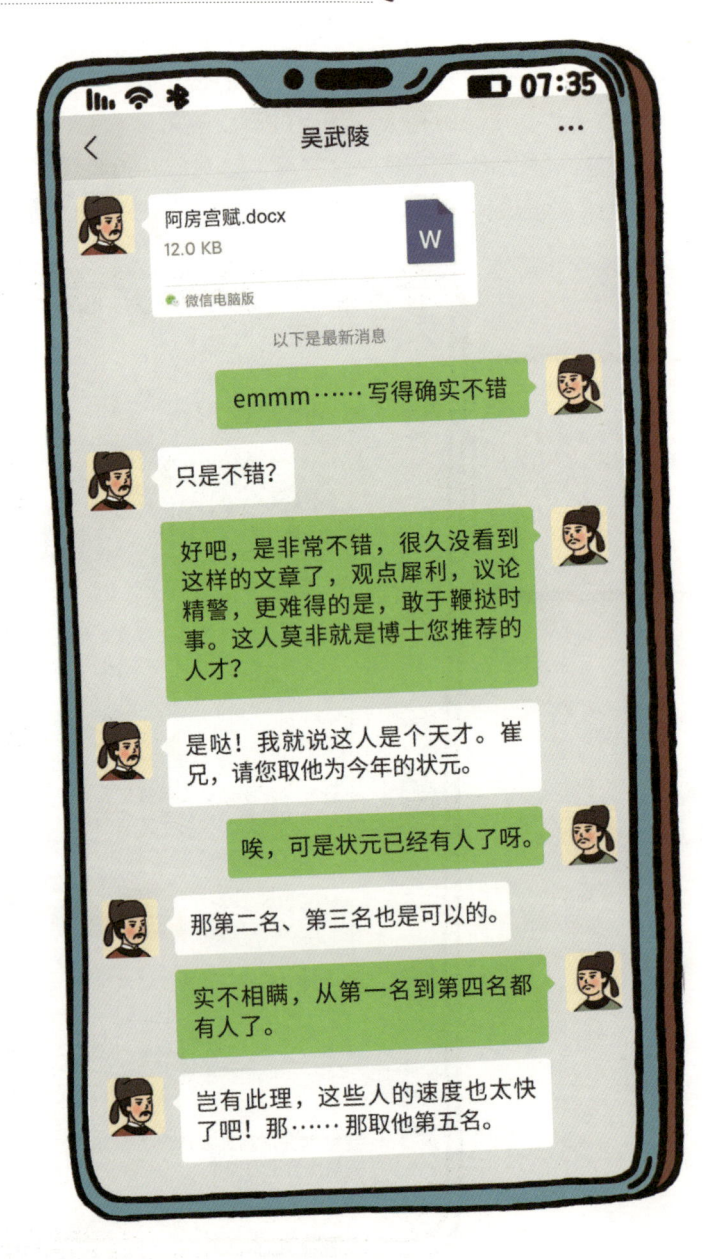

阿房宫赋.docx
12.0 KB
微信电脑版

以下是最新消息

emmm……写得确实不错

只是不错?

好吧,是非常不错,很久没看到这样的文章了,观点犀利,议论精警,更难得的是,敢于鞭挞时事。这人莫非就是博士您推荐的人才?

是哒!我就说这人是个天才。崔兄,请您取他为今年的状元。

唉,可是状元已经有人了呀。

那第二名、第三名也是可以的。

实不相瞒,从第一名到第四名都有人了。

岂有此理,这些人的速度也太快了吧!那……那取他第五名。

晚唐诗人：夕阳无限好，何必近黄昏

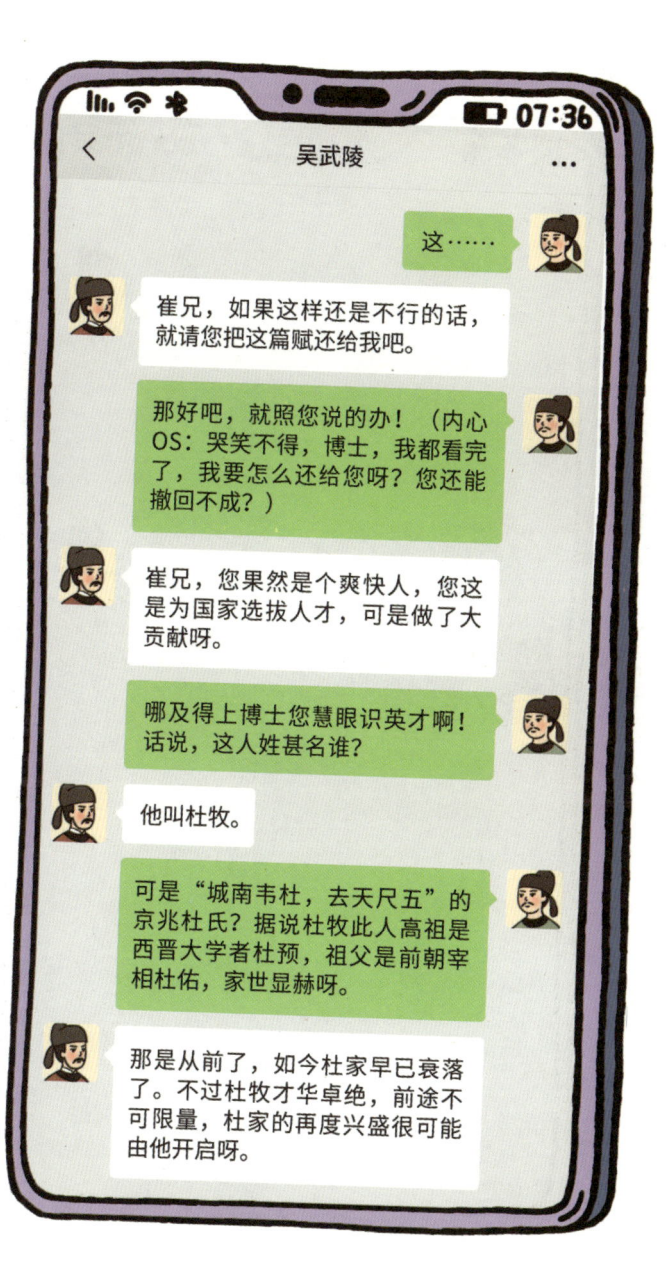

吴武陵 07:36

> 这……

崔兄，如果这样还是不行的话，就请您把这篇赋还给我吧。

那好吧，就照您说的办！（内心OS：哭笑不得，博士，我都看完了，我要怎么还给您呀？您还能撤回不成？）

崔兄，您果然是个爽快人，您这是为国家选拔人才，可是做了大贡献呀。

> 哪及得上博士您慧眼识英才啊！话说，这人姓甚名谁？

他叫杜牧。

> 可是"城南韦杜，去天尺五"的京兆杜氏？据说杜牧此人高祖是西晋大学者杜预，祖父是前朝宰相杜佑，家世显赫呀。

那是从前了，如今杜家早已衰落了。不过杜牧才华卓绝，前途不可限量，杜家的再度兴盛很可能由他开启呀。

吴武陵

> 但是我还听说杜牧这人行为不太检点,喜欢流连秦楼楚馆,恐怕影响不太好。

少年人风流浪荡些也情有可原嘛。崔兄,您已经答应我了,可不能悔改啊!

> 我既然已经答应您,便哪怕杜牧是个杀猪的,我也不会更改了。

好哒,崔兄,我就不打扰您了,您快去吃饭吧。

也许真是因为有了太学博士吴武陵的推荐，杜牧果然高中，在三十三名新科进士间排名第五。所谓"三十老明经，五十少进士"，杜牧年方26岁就一举及第，真是少年得志，意气风发。

朋友圈

杜牧
我遇见你，我记得你，这座城市天生就适合恋爱，你天生就适合我的灵魂。长安，I'm coming!
及第后寄长安故人
东都放榜未花开，三十三人走马回。
秦地少年多酿酒，已将春色入关来。

东都洛阳

♡ 吴武陵,崔郾

崔郾：小杜呀，好好干，吴博士可是向我大力举荐你呀，说你可是个天才哪。
杜牧回复崔郾：😳天才不敢当，俺做个人才就好。
崔郾回复杜牧：哈哈，果然是豪放不羁呀！好，少年人就该这般自信。
吴武陵：小杜，可别得意太早呀，还有一场制举考试等着你呢，不可放松警惕。
杜牧回复吴武陵：吴博士，您放心吧，我不会辜负您的抬爱的！

> 在随后的制举考试中，杜牧仍是一举得中。一年之内连中两次，在旁人已是难以企及的成就。杜牧《赠终南兰若僧》中，"北阙南山是故乡，两枝仙桂一时芳"讲的便是这件事。

大和二年是杜牧颇为得意的一年，进士及第后，又顺利通过贤良方正直言极谏科，一举成名。这年十月，杜牧有幸成为江西观察使沈传师的幕僚。一直到大和七年(833年)，沈传师被朝廷召还，杜牧才应淮南节度使牛僧孺的征聘，到了扬州。

一梦扬州
25分钟前

前段时间我们发起了"那些年我们一起爱的扬州"诗文评选活动，由广大网友进行评选。咳咳，我在此郑重宣布：本届的冠军，就是我们的扬州特别宣传大使杜牧。@杜牧掌声在哪里？

杜牧：十年一觉扬州梦，赢得青楼薄幸名	9.8万
杜牧：二十四桥明月夜，玉人何处教吹箫	7.9万
杜牧：谁家唱水调？明月满扬州	6.5万
徐凝：天下三分明月夜，二分无赖是扬州	5.2万
杜牧：春风十里扬州路，卷上珠帘总不如	4.7万
杜牧：谁知竹西路，歌吹是扬州	4.3万
张祜：十里长街市井连，月明桥上看神仙	3.9万

转发 5.7万　　评论 1.2万　　点赞 21万

牛僧孺
小杜呀，你的诗写得好，政论性的文章见解更是独到。前途广大，你可莫要在纸醉金迷中忘了自己的抱负啊！

👍 76584

> 特别说明：杜牧在扬州作诗颇多，但并非作于同一时期。

> 据载，杜牧喜好声色歌舞，到扬州后每夜出游。牛僧孺不便劝阻，又不放心，派人暗中保护，杜牧始终不曾觉察。后来杜牧将往长安任职，牛僧孺临别嘱咐，杜牧才知此事，从此终生感念牛僧孺。

晚唐诗人：夕阳无限好，何必近黄昏

大和三年（829年），杜牧已是天下闻名，而17岁的李商隐才初到东都洛阳。在这里，他同白居易结为忘年交，更结识了自己一生的贵人——令狐楚。而他一生在"牛李党争"间的挣扎由此肇始。

> 对李商隐来说，令狐楚对他的意义，不仅是老师，更是知己、家人，让少年丧父的他重新体味到家庭的温暖。

> 令狐绹是令狐楚的次子，与李商隐感情深厚，后来却因李商隐牵涉到牛李党争，彼此越行越远。

> 与李商隐相识时，58岁的白居易已名满天下，然而他对李商隐颇为喜爱，两人成为忘年交。后来白居易去世，李商隐为其撰写了墓志铭。

朋友圈

李商隐
确认过眼神，我遇上对的人！@令狐楚
微意何曾有一毫，空携笔砚奉龙韬。
自蒙半夜传衣后，不羡王祥得佩刀。
——《谢书》

东都洛阳

♡ 令狐楚，令狐绹，白居易

令狐楚：小李呀，你是个好苗子，将来必有一番成就。明年礼部春闱你也去试一试！
李商隐回复令狐楚：好哒，恩公。
令狐绹：义山兄，明年看你的了。🙂
李商隐回复令狐绹：谢谢令狐兄了，还没恭贺你荣登金榜呢！
白居易：小李子，我老了，文坛以后便要靠你们这些后浪撑起来了。
李商隐回复白居易：白老师，咱能换个称呼吗？"小李子"听起来咋有点怪怪的呢？

在令狐楚的关照下，李商隐决定到科举场上历练一番。然而接连三次科考，他都铩羽而归。恰遇知己好友萧澣被贬，李商隐站在萧澣昔日在任时所建的夕阳楼上，不觉吟出了一首颇为惆怅的小诗——《夕阳楼》。

李商隐
夕阳楼
花明柳暗绕天愁，上尽重城更上楼。
欲问孤鸿向何处，不知身世自悠悠。

荥阳

♡ 令狐楚,萧澣

令狐楚：小李，莫要灰心气馁，我相信自己不会看错人。
李商隐回复令狐楚：恩公，我会的！
萧澣：义山兄，你年龄还小，前途尚广，不必太郁郁伤怀。我介绍你去华州拜见刺史崔戎吧，也许能找到一条生路。
李商隐回复萧澣：萧兄，太感谢你了！
崔戎：你尽管来吧，一切有我为你筹划。
李商隐回复崔戎：谢谢啦！🙏

郑州刺史萧澣，李商隐好友。彼时，两人都在仕途上失意，彼此慰藉，成为忘年之交。在他的介绍下，李商隐前往投奔华州刺史崔戎。

次年，崔戎病故，留下两个儿子——崔雍、崔衮。后来，李商隐在《宿骆氏亭寄怀崔雍崔衮》诗中也流露了对崔氏兄弟的深切关怀："竹坞无尘水槛清，相思迢递隔重城。秋阴不散霜飞晚，留得枯荷听雨声。"

📢 大和七年（833年），杜牧途经金陵，听说了一位名叫杜秋娘的女子的故事，一时感慨万分，写下了一首长篇五古，这便是《杜秋娘诗》。

朋友圈

杜牧

"劝君莫惜金缕衣，劝君惜取少年时。花开堪折直须折，莫待无花空折枝"，重读杜秋娘的这首《金缕衣》曲，忽生出无限感慨，作《杜秋娘诗》。
京江水清滑，生女白如脂。
其间杜秋者，不老朱粉施。
老濞即山铸，后庭千双眉。
秋持玉斝醉，与唱《金缕衣》。
……

金陵

♡ 张祜,李商隐

张祜："可知不是长门闭，也得相如第一词"，牧之，棒棒哒！
杜牧回复张祜：张兄，你的那首《宫词》我也十分喜欢哪！"一声何满子，双泪落君前"，哀婉至极。
李商隐："杜牧司勋字牧之，清秋一首杜秋诗"，牧之兄，你就是我的偶像。
杜牧回复李商隐：🧑

大和九年（835年），"甘露之变"爆发，整个朝野为之震荡。李商隐再次赴京赶考，依然名落孙山。而杜牧结束了八年的幕吏生涯，离开扬州，来到长安。这一年，历史在冥冥中将无数人的命运更改。

> 甘露之变，唐文宗与宦官之间展开的一场斗争。唐文宗不甘被宦官控制，以观露为名，将宦官头目骗至禁卫军后院欲斩杀，不料计划被察觉，双方展开激烈厮杀，最终诸多重臣被斩杀，整个朝堂为之一空。甘露之变后，宦官成为真正的掌权者。

大唐热搜榜

不	甘露之变	热
1	血溅长安	爆
2	宰相王涯等一千多朝臣被诛杀	新
3	宦官掌权，皇帝成傀儡	沸
4	李训、郑注	沸
5	宦官头目仇士良	热
6	昭义节度使刘从谏誓以死清君侧	新

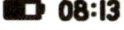

晚唐诗人：夕阳无限好，何必近黄昏 147

李商隐
32分钟前

#昭义节度使刘从谏誓以死清君侧# 宦官猖獗，朝堂如何不危？愿刘从谏快快进兵长安，清君侧，一扫朝堂污浊。
重有感
玉帐牙旗得上游，安危须共主君忧。
窦融表已来关右，陶侃军宜次石头。
岂有蛟龙愁失水，更无鹰隼与高秋。
昼号夜哭兼幽显，早晚星关雪涕收。

2.5万　　4.3万　　23万

杜牧
20分钟前

#李训、郑注# 李兄，郑注已死，你的冤屈终于得伸了。
李甘诗
太和八九年，训注极虓虎。
潜身九地底，转上青天去。
四海镜清澄，千官云片缕。
公私各闲暇，追游日相伍。

1.2万　　2.5万　　16.5万

> 李甘，杜牧好友，因不满郑注为宰相，慨言道："郑注何人？欲得宰相！白麻若出，我必坏之。"因此被贬，没多久就死在贬所。

📢 唐文宗开成二年（837年），李商隐第五次科考，终于及第，次年参加博学宏词科，落榜。幸运的是，他的才华得到了泾原节度使王茂元的欣赏，此后娶了王家的小女儿，成为其乘龙快婿。

朋友圈

李商隐
官宣：我们，结婚了！

泾州

♡ 李羲叟，王茂元

李羲叟：哥，真为你高兴！祝你们一直幸福下去🌹🌹

李商隐回复李羲叟：我们会的，你也要抓紧哦！👶

王茂元：你可要好好待我女儿啊。

李商隐回复王茂元：岳父大人放心吧，我定爱她如生命。

令狐绹：义山兄，我竟不知你成了人家的上门女婿。

李商隐回复令狐绹：令狐兄，很抱歉没能及早通知你。

令狐绹回复李商隐：哼，旁人都说你改换门庭，"先牛后李"，难怪父亲一去世，你就这般疏远了。

李商隐回复令狐绹：令狐兄，我们相识这么多年，你还不知道我吗？牛党也好，李党也好，我从未想过攀附。何况我这区区身份，又哪里挨得上？

"牛李党争"：唐朝后期，士族与庶族因出身不同、政见分歧，矛盾激化，后来便渐渐演化成了以牛僧孺、李宗闵为首的"牛党"，和以李德裕为首的"李党"。

当时，李商隐的恩师令狐楚被看作牛党一系，岳父王茂元则被看作李党一系。李商隐诗人心性，自以为情之所钟，却不料反成了别人眼中两边倒的势利小人。

开成四年（839年），李商隐参加授官考试，终于获任秘书省校书郎。但面对同僚们的拉帮结派、钩心斗角，李商隐十分不齿。他只能在一首首无题诗中，表露自己决不同流合污的志向。

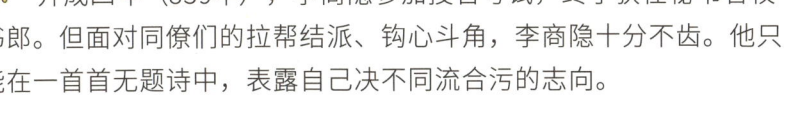

> 在李商隐的诗篇中，最具代表性的就是那些"无题胜似有题"的《无题》诗。那些难言的隐痛、莫名的情思、苦涩的情怀、执着的追求，都借着"无题"二字洒落在人们心间。

朋友圈

李商隐
无题
昨夜星辰昨夜风，画楼西畔桂堂东。
身无彩凤双飞翼，心有灵犀一点通。
隔座送钩春酒暖，分曹射覆蜡灯红。
嗟余听鼓应官去，走马兰台类转蓬。

热闹是他们的，我什么也没有。当我沉默着的时候，我觉得充实；我将开口，同时感到空虚。

长安

♡ 李羲叟，温庭筠

> 王氏，李商隐的妻子。

王氏：官人，这是一首爱情诗吗？我怎么觉得你是在讽刺什么人……
李商隐回复王氏：知我者吾妻也。
温庭筠：义山兄，这首诗的题目就叫"无题"吗？
李商隐回复温庭筠：是哒！如《诗经》之"关雎""蒹葭"其实也是无题，好诗不怕人猜，越猜越有趣！
温庭筠回复李商隐：你这做法果然高妙。古人言"诗无达诂"，如此，诗人有了更多的自由，读诗人也有了更大的想象空间。👍
李商隐回复温庭筠：人间知己难求，可我一首诗歌就得了两个，真是快哉！

三、唐诗的落幕

公元853年，杜牧去世。公元858年，李商隐去世。公元866年，温庭筠去世。随着晚唐最有名的三位诗人一同离去的，是大唐，也是唐诗。

然而正如"夕阳无限好，何必近黄昏"，光耀过，灿烂过，惊心动魄过，不是就已足够了吗？是故事，就终有落幕的时候。唐诗的故事落幕了，是为了新的故事大幕的开启。

愿你抽身故事之外，更愿你置身故事之中，歌哭哀乐，也是好的。

晚唐诗人：夕阳无限好，何必近黄昏

📢 会昌二年（842年）春，杜牧由比部员外郎出刺黄州，后复转池、睦二州刺史。这一时期的他，佳作如流水般绵绵不绝。

> 千里莺啼绿映红，水村山郭酒旗风。
> 南朝四百八十寺，多少楼台烟雨中。
> ——《江南春绝句》

> 多才多艺，工诗文，能书画，风流自许，这是许多人眼中的杜牧。然而史书上记载的杜牧刚直有奇节，敢论列大事，指陈利病。尤其是他的那些咏史诗，处处都显出对晚唐荒诞而无奈的现实的犀利揭露。

> 此后杜牧在仕途上又是几番辗转，公元853年，终于中书舍人任上，享年50岁。据《新唐书》载，临死之际，杜牧闭门在家，为自己写下墓志铭，又将一生所作的大部分诗稿付之一炬。

朋友圈 08:13

杜牧
最近心情不好，诗兴却大发，难道果真应了那句："天将降大任于斯人也，必先苦其心志，劳其筋骨，饿其体肤，空乏其身……"

折戟沉沙铁未销，自将磨洗认前朝。
东风不与周郎便，铜雀春深锁二乔。
——《赤壁》

清明时节雨纷纷，路上行人欲断魂。
借问酒家何处有，牧童遥指杏花村。
——《清明》

睦州

♡ 张祜，许浑，李商隐

张祜：how made winds（好美的文字），我要把它记下来。
杜牧回复张祜：……
张祜回复杜牧：唉，好怀念之前咱俩一起在池州齐山游玩的时光呀。
杜牧回复张祜：😊
许浑：你在外为官，我则困守京师，不知何时才能再见面哪。
杜牧回复许浑：我只怕自己的大去之日不远了。
许浑回复杜牧：牧之兄说的是什么话，你正当壮年怎言生死？
杜牧回复许浑：我已经失去活着的信心了，我本想出将入相、匡济天下，可我终究是无力缝补大唐这件千疮百孔的衣裳！

📣 大中五年（851年）春，李商隐的妻子病逝，李商隐却未能见其最后一面。他从此为妻子写下数首诗歌，寄托悼亡情思。

李商隐

当你不能够再拥有的时候，你唯一可以做的，就是令自己不要忘记。

荷叶生时春恨生，荷叶枯时秋恨成。
深知身在情长在，怅望江头江水声。
　　　　　　　——《暮秋独游曲江》

长安

李羲叟：哥，节哀！嫂嫂若在天有灵，定也希望你能快活地生活。
李商隐回复李羲叟：嗯，我会的，我会好好生活下去，带着同她的记忆，一起。
温庭筠：义山兄，节哀顺变！
李商隐回复温庭筠：飞卿兄，谢谢你！
令狐绹：义山，节哀！
李商隐回复令狐绹：嗯，谢谢令狐兄了。

📢 大中十二年（858年）底，李商隐孤寂而安静地病故在家中。家人收拾他的床铺，在枕边发现了一张泪痕斑斑的纸，纸上写着一首没有题目不知作于何时的七律——后来名为《锦瑟》。

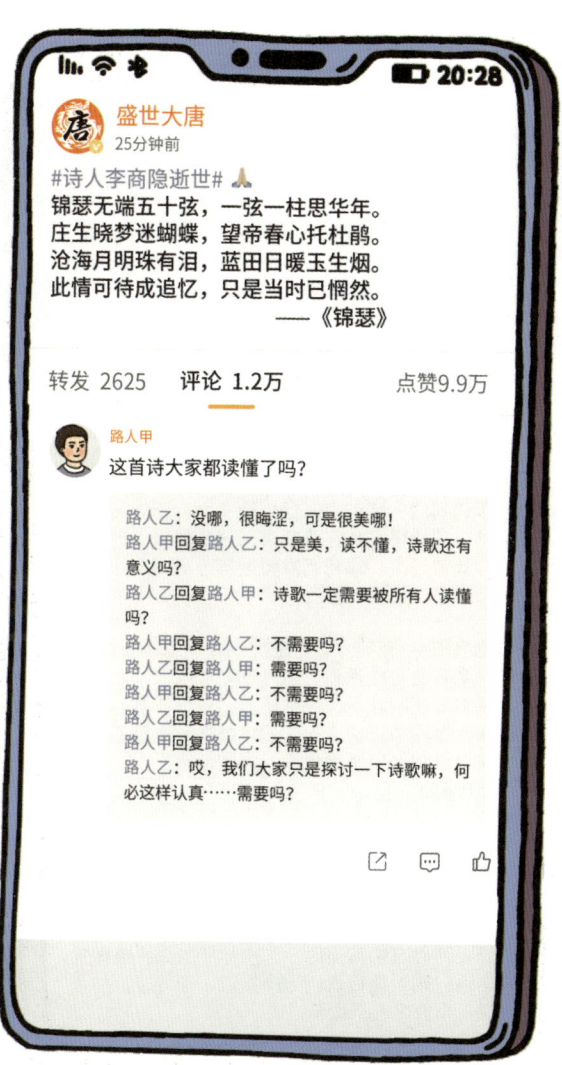

盛世大唐
25分钟前

#诗人李商隐逝世# 🙏

锦瑟无端五十弦，一弦一柱思华年。
庄生晓梦迷蝴蝶，望帝春心托杜鹃。
沧海月明珠有泪，蓝田日暖玉生烟。
此情可待成追忆，只是当时已惘然。
——《锦瑟》

转发 2625　　评论 1.2万　　点赞9.9万

路人甲
这首诗大家都读懂了吗？

路人乙：没哪，很晦涩，可是很美哪！
路人甲回复路人乙：只是美，读不懂，诗歌还有意义吗？
路人乙回复路人甲：诗歌一定需要被所有人读懂吗？
路人甲回复路人乙：不需要吗？
路人乙回复路人甲：需要吗？
路人甲回复路人乙：不需要吗？
路人乙回复路人甲：需要吗？
路人甲回复路人乙：不需要吗？
路人乙：哎，我们大家只是探讨一下诗歌嘛，何必这样认真……需要吗？

📢 晚唐重要诗人陆续离世，没有了"他们"的诗坛，极其寂寞。应广大粉丝的热烈吁求，"盛世大唐"官微特别制作了《晚唐那些诗人》系列纪录片。

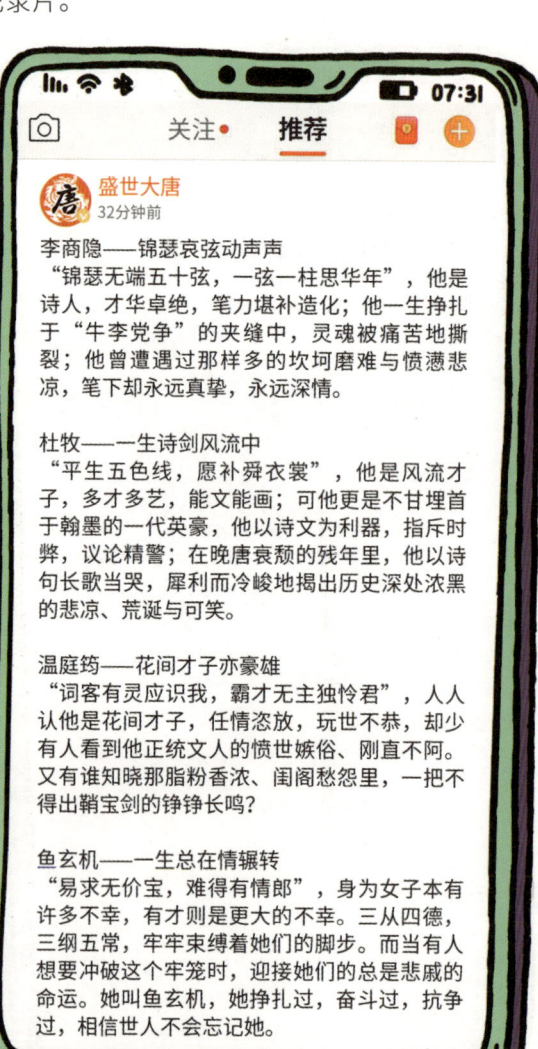

盛世大唐
32分钟前

李商隐——锦瑟哀弦动声声
"锦瑟无端五十弦，一弦一柱思华年"，他是诗人，才华卓绝，笔力堪补造化；他一生挣扎于"牛李党争"的夹缝中，灵魂被痛苦地撕裂；他曾遭遇过那样多的坎坷磨难与愤懑悲凉，笔下却永远真挚，永远深情。

杜牧——一生诗剑风流中
"平生五色线，愿补舜衣裳"，他是风流才子，多才多艺，能文能画；可他更是不甘埋首于翰墨的一代英豪，他以诗文为利器，指斥时弊，议论精警；在晚唐衰颓的残年里，他以诗句长歌当哭，犀利而冷峻地揭出历史深处浓黑的悲凉、荒诞与可笑。

温庭筠——花间才子亦豪雄
"词客有灵应识我，霸才无主独怜君"，人人认他是花间才子，任情恣放，玩世不恭，却少有人看到他正统文人的愤世嫉俗、刚直不阿。又有谁知晓那脂粉香浓、闺阁愁怨里，一把不得出鞘宝剑的铮铮长鸣？

鱼玄机——一生总在情辗转
"易求无价宝，难得有情郎"，身为女子本有许多不幸，有才则是更大的不幸。三从四德，三纲五常，牢牢束缚着她们的脚步。而当有人想要冲破这个牢笼时，迎接她们的总是悲戚的命运。她叫鱼玄机，她挣扎过，奋斗过，抗争过，相信世人不会忘记她。

黄巢——且作乱世一枭雄

"待到秋来九月八，我花开后百花杀"，黄巢是乱世里的枭雄，能诗能写，允文允武。正如他本人反抗者的形象，他的诗作里尤能看出他的叛逆与斗争。他没能坐稳帝位，但他确是一位好诗人。

韦庄——当时年少春衫薄

"洛阳城里春光好，洛阳才子他乡老"，他有幸生在公卿贵族之家——"城南韦杜，去天尺五"，却不幸长在大唐的末年。长安攻破后，他写下了一首《秦妇吟》，血泪并落，仅仅一首，后人就再也忘不掉他。

番外篇
大唐诗人群之群主之争

谁能成为本群群主？

大唐诗人微信群（500）

大诗姬：各位大神，受太宗皇帝之命，我创建了这个微信群，希望这个群能成为大家生活工作的后花园，表白、切磋……统统都可以哟。

王勃：👍

李白：👍

大诗姬：在大家一起愉快地玩耍前，我们还有一件非常重要的事去做，那就是——推选群主。我们需要挑选出一位德高望重的群主，维持往后群里的秩序。欢迎各位大神积极报名，自荐或他荐都可以哟！只要你够有才，就要你够敢来，群主的桂冠你来戴。

李白：我大唐诗仙第一个报名！我文能"兴酣落笔摇五岳"，武能"笑傲凌沧洲"，武练"一射两虎穿"，群主非我莫属！转背落双雕

大唐诗人微信群（500） 17:32

王昌龄：……

不吹牛咱俩还是好朋友！

艺也不差，"大雪满弓刀"，没两下子是万万……

老卢家小辈都出来了，我……不合适。"玉剑浮云骑"，……月弓"，剑法、骑术、鞭……前，我是样样精通！

来很厉害的样子。

看我"十年闭户颍水阳"折节读……，习武练剑啥的我可一天也没落……过。不信看我的双截棍，哼哼哈……兮。

虽然你们都是诗词前辈，但论起武术，一箭双雕的我，完全不服。

你服我吗？@高骈

高骈

如果大唐诗人都在一个微信群里，会发生哪些有趣的事？《全唐诗》作者两千多位，我们邀请其中500人入群。

番外篇：大唐诗人群之群主之争

一、这年头谁还不会点功夫？

大诗姐
各位大神，受太宗皇帝之命，我创建了这个微信群，希望这个群能成为大家生活工作的后花园，吐槽、表白、切磋……统统都可以哟。

王勃
[表情]

李白
[表情]

大诗姐
在大家一起愉快地玩耍前，我们还有一件非常重要的事去做，那就是——推选群主。我们需要挑选出一位德高望重的群主，维持往后群里的秩序。欢迎各位大神积极报名，自荐或他荐都可以哟！只要你有才，只要你敢来，群主的桂冠你来戴。

李白
我大唐诗仙第一个报名！我文能"兴酣落笔摇五岳，诗成笑傲凌沧洲"，武能"一射两虎穿，转背落双鸢"，群主非我莫属！

大唐诗人微信群（500）

杜甫：白哥棒棒哒！你那淡黄的长裙，你那蓬松的头发，处处都透着潇洒！

李白：小杜，你果然懂我。

高适：@杜甫 小杜呀，看看你这小迷弟的嘴脸！不夸夸"倚剑对风尘，慨然思卫霍"的高哥我吗？

杜甫："以诗人为戎帅"，货真价实，只您一家！但是要说到武艺之高超，俺还是站白哥，他毕竟是剑圣裴旻的弟子呀，"十步杀一人，千里不留行"，啧啧，惹不起。

岑参：嘿，我和高适齐名，有没有谁来夸夸我？

王昌龄：@岑参 你凑哪门子热闹？说武艺高强还得是"仗剑千里行"的我啊！

岑参：这个热闹我不凑谁凑！我好歹也是自幼习武，两度戍边西北，六年战地生涯。

番外篇：大唐诗人群之群主之争　161

王昌龄
🦉岑兄，不吹牛咱俩还是好朋友！

卢纶
我觉得我的武艺也不差，"大雪满弓刀"这种句子，没两下子是万万不敢写的。

卢照邻
看到我们老卢家小辈都出来了，我不出来也不合适。"玉剑浮云骑，金鞭明月弓"，剑法、骑术、鞭法、弓箭，我是样样精通！

王勃
听起来很厉害的样子。👍

李颀
别看我"十年闭户颍水阳"折节读书，习武练剑啥的我可一天也没落下过。不信看我的双截棍，哼哼哈兮。

高骈
虽然你们都是诗词前辈，但论起武术，一箭双雕的我，完全不服。

高适
你服我吗？@高骈

高骈
那必须服啊,您可是咱"渤海高氏"的长辈,我敢不服吗……😂

王之涣
敢情我大唐男儿都会点武艺,@大诗姐,你看咱还比吗?

大诗姐
我觉得咱们诗人群的群主,不能按武功高低来定……

番外篇：大唐诗人群之群主之争　163

二、颜值高低自有公论

大唐诗人微信群（500）

王维
刚睡醒就看到大家在吹牛，一群诗人比啥武功啊，要我说，还不如比谁好看呢，颜值最高的当群主。

李白
比颜值还不是我第一？我可是迷倒无数男女的颜值担当！

王维
@李白 你这也忒不害臊了，颜值担当？呵呵，"妙年洁白，风姿郁美"的我骄傲了吗？

李白
😊"白虽身不满七尺，而心雄万夫"，你歧视我是"三等残废"？

王维
我可不敢，不过当年你的《玉真仙人词》怕是白写了吧？

李白
哟，您要是这么一说，那我就自愧不如您啦！只是因为人群中多看了你一眼，就再也没能忘记你的容颜……

王维
你，你，你……你内涵谁呢？😡

> 李白初到长安时谒见玉真公主并写《玉真仙人词》，但未得到回应。而王维在岐王引荐下却被玉真公主一见倾心。今有好事者认为李白和王维是"情敌"，故而两人一辈子不相往来。

大唐诗人微信群（500）

李白：我哼歌呢，《传奇》啊！你激动什么，人家元稹说什么了吗？

元稹：别呀，哥几个打嘴仗可别带上我，我和韦丛是真爱啊！"少俊"的李商隐，你倒是出来说两句啊！

> 元稹因为长相俊美、才情出色得到太子宾客韦夏卿的欣赏，韦夏卿主动提出把掌上明珠韦丛嫁给元稹为妻。

李商隐：@元稹 一边去！令狐大人和王大人那是真心欣赏我的才华！要说长得帅，你们都争什么，杜牧不作声，你们充大王？

> 李商隐因为"少俊"，得到天平军节度使令狐楚的帮助，后又得到泾源节度使王茂元青睐，成了王家的乘龙快婿。

杜牧：😎

> 《唐才子传》曾记载"牧（杜牧）美容姿，好歌舞，风情颇张，不能自遏。"

大诗姐：各位，都别争了，在我们后人眼里，你们可都是男神！我要是能嫁给你们其中一人，叫我死也甘心了！

温庭筠：太好了，@大诗姐 嫁给我可好？虽然我长得丑，但我写得美呀！

李贺：+1

番外篇：大唐诗人群之群主之争   165

大唐诗人微信群（500）

罗隐
+10086　话说这个社会对我们这些颜值不那么高的人实在太残忍了，真是忍不住要吐槽。

温庭筠
唉，说到这个，我可是一把辛酸泪呀！明明我能吹会唱还能写，多才多艺呀，却常常被人将画像挂在门上，说是可以辟邪。😡你辟邪找钟馗去呀，找我干吗？

李商隐
飞卿兄，弱弱地插一句，你不知道你的外号叫"温钟馗"吗？

温庭筠
……

杜牧
扎心了，老铁！

罗隐
我更惨！你失去的只是一张脸，我失去的可是爱情呀！@温庭筠

温庭筠
再见！
没什么好说的了

> 温庭筠、李贺、罗隐长相都颇为奇特，被世人视为丑男典型。

> 晚唐诗人罗隐才华卓绝，当朝宰相郑畋的女儿对他钦慕有加，但见到罗隐之后被他的丑陋吓住，从此再也不提罗隐和他的诗了。

大唐诗人微信群（500）

杜牧
哈哈哈，怪不得人说罗兄你毒舌，今天我可算领略到了。

李贺
啧，罗兄，你才不是一位没有故事的男同学。

罗隐
曾经有一份真挚的爱情摆在我的面前，但是我没有珍惜，等我失去后才后悔莫及，尘世间最痛苦的事情莫过于此。如果上天能够给我一个再来一次的机会，我会对那个女孩说三个词：Close your eyes.

李贺
啥？

罗隐
闭上眼！

李贺
噗！！

温庭筠
哈哈哈哈哈，终于可以笑回来啦！

番外篇：大唐诗人群之群主之争　167

大唐诗人微信群（498）

罗隐
得即高歌失即休，多愁多恨亦悠悠。今朝有酒今朝醉，明日愁来明日愁 🤔

罗隐已退出群聊

温庭筠
咦，罗兄怎么走了？

李贺
还不是被你气跑的？

温庭筠
那是不是该轮到长吉兄你了，听说长吉兄你被誉为"鬼才"，难道是因为你长得很像……

李贺

李贺已退出群聊

温庭筠
一脸懵

三、深情的未必不是渣男

大诗姐：看来讨论颜值还是很伤人的，我们还是换个话题吧，毕竟咱们都是靠才华而不是靠颜值吃饭的。

鱼玄机：武功咱没有，颜值又伤人，不如聊聊感情吧，先把渣男给剔出候选名单。

温庭筠：大庭广众之下谈情说爱，不合适吧？

鱼玄机：@温庭筠 你是因为负了我而不敢面对这个话题吗？

温庭筠：不不不，你太美，我太丑，是我配不上你。

鱼玄机：唉，你还是不懂，你若真爱我，就不会在意这些了。易求无价宝，难得有情郎哪！

元稹：是呀，"曾经沧海难为水，除却巫山不是云"，好想我的韦丛呀。

> 鱼玄机，原名幼薇，与李冶、薛涛并称"唐朝三大女诗人"。她与温庭筠，不仅是师生，更曾是恋人。她的代表作《赠邻女》有"易求无价宝，难得有情郎"名句。

番外篇：大唐诗人群之群主之争 169

薛涛，与元稹有过恋情。曾自制桃红色小笺来写诗，后人仿制，称"薛涛笺"。

元稹写的《莺莺传》，后人改编成著名的《西厢记》，经考证，《莺莺传》是以元稹自己和初恋情人之间的故事改编而成。

大唐诗人微信群（498）

薛涛
@元稹 微之，那我呢？你写给我的诗，我可一直好好保存着呢。
锦江滑腻蛾眉秀，幻出文君与薛涛。
言语巧偷鹦鹉舌，文章分得凤凰毛。
纷纷辞客多停笔，个个公卿欲梦刀。
别后相思隔烟水，菖蒲花发五云高。
——《寄赠薛涛》

白居易
那个，我插句话，你和崔莺莺的故事被改编成戏了！@元稹

鱼玄机
哼，一边念念不忘亡妻，一边又深情款款写诗撩妹，渣男一枚！

李白
这个俺知道，听说叫啥《西厢记》，戏里张生可是妥妥的大情圣呢！

元稹
哼，别以为我看不出白兄你在暗戳戳讽刺我。

李白
天啦噜，我可是仙人，我明明是光明正大地diss you。

> 李白一生有过四任妻子。他是人间的谪仙、天才，在爱情、婚姻上，却未必是个好男人、好丈夫。

大唐诗人微信群（498）

元稹：那你嘞，一结婚就跑出去喝酒，明明娶了四任妻子，大家还都夸你洒脱不羁。到我这儿就成了"渣渣稹"。

李白：唉，长得帅，有才华，魅力爆棚的我压力也很大呀！君不见人人都爱李太白，可俺只想做仙人。

鱼玄机：男人没一个好东西！要么是洪世贤式的明渣，要么是何书桓式的暗渣。

杜牧：此言差矣！虽说我自己有"青楼薄幸名"，可我的偶像杜甫却是一个货真价实的好男人。@杜甫

杜甫：好男人不敢当。我生性木讷，又不懂得说些甜言蜜语，好在妻子并不在意这些，始终一路相伴。

> 杜甫的诗里对妻子没有浪漫的称呼，一律以"老妻""瘦妻""妻孥"等代之，然而细细读来，却觉满怀深情。

李商隐："老妻画纸为棋局，稚子敲针作钓钩"，这样的情话，可是比再多的甜言蜜语都来得温暖妥帖呀！

番外篇：大唐诗人群之群主之争　　171

大唐诗人微信群（498）

杜甫：小李呀，我听过你和你妻子的故事，你也是个深情人哪！

李商隐："荷叶生时春恨生，荷叶枯时秋恨成。深知身在情长在，怅望江头江水声。"可惜她去世得太早了，留下我一人形单影只。

> 李商隐在妻子去世后，写下数首情真意切的悼亡诗。

杜甫：🥹

韩愈：@李商隐 同感啊！"细君知蚕织，稚子已能饷"，何尝不是一样的道理？我与夫人卢氏也是相伴一生啊！

鱼玄机：哼哼！与您相伴一生的可不止卢氏一人啊！

韩愈：你，你……

鱼玄机：要说你们这群男人啊，有点良心的，暂且留下王绩吧！看他诗篇多写与妻同乐，让人甚是羡慕啊！

大唐诗人微信群（498）

王绩：🍗 多谢道姑手下留情！"野人"与"野妻"的闲散日子不值得一提。

> 王绩是唐代最早在诗中描写妻子的诗人；他以"野人""野客"自称并戏称妻子为"野妻"。

李商隐：啧啧啧，这暗戳戳地秀恩爱，来人，拉出去啊！

王绩：😊

孟浩然：我的好友王维也是一个好男人呀，妻子去世后，他从此鳏居三十年，不再娶，他是真正做到了从一而终，一生只爱一个人。🍗 @王维

> 王维约在30岁时，妻子去世，从此独居30年，不再娶，禁肉食，绝彩衣。

元稹：那他咋没有写过一首哀悼妻子的诗呢？😶

王维：那些说出来的未必就是真爱，那些没有说出的往往才最深情。

元稹：呜呜呜，为啥都针对我！😭

杜甫：是呀，我们都是诗人，该当知道在爱情里，诗人的浪漫有多么廉价。唯有一颗真心，才是最昂贵的。

四、男人之间的情感，也许更真

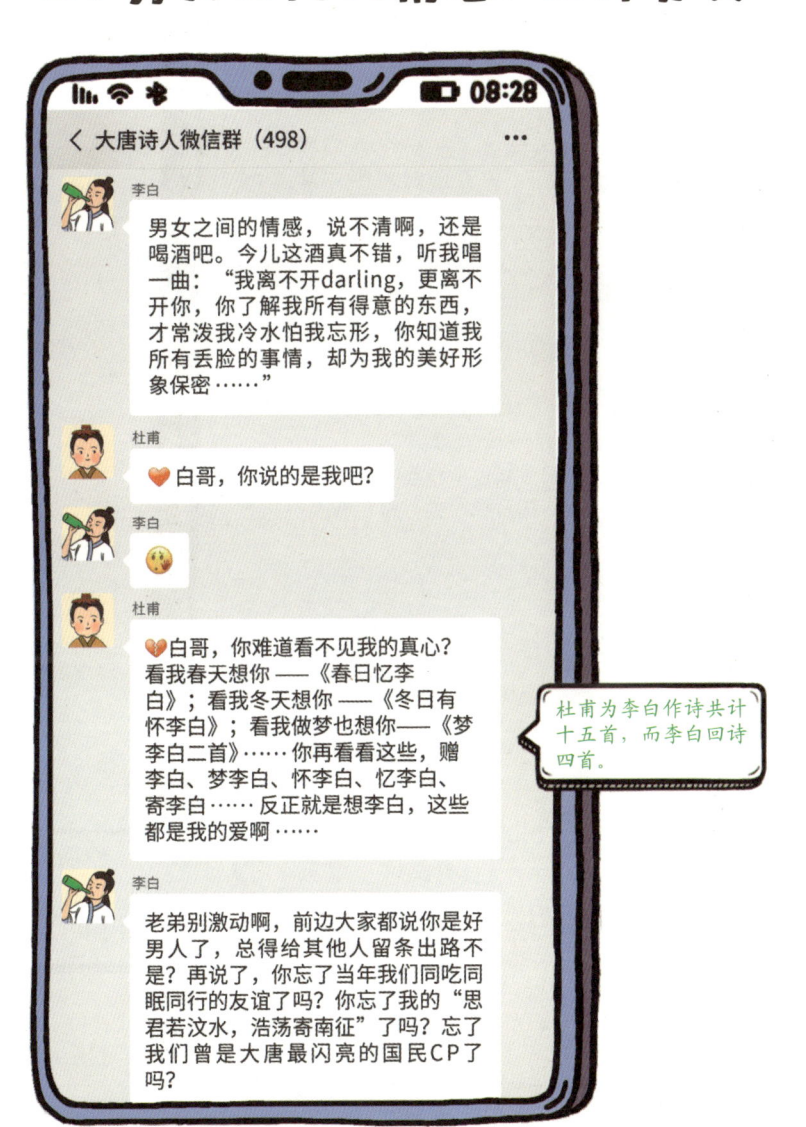

大唐诗人微信群（498）

李白：男女之间的情感，说不清啊，还是喝酒吧。今儿这酒真不错，听我唱一曲："我离不开darling，更离不开你，你了解我所有得意的东西，才常泼我冷水怕我忘形，你知道我所有丢脸的事情，却为我的美好形象保密……"

杜甫：🧡白哥，你说的是我吧？

李白：😳

杜甫：🧡白哥，你难道看不见我的真心？看我春天想你——《春日忆李白》；看我冬天想你——《冬日有怀李白》；看我做梦也想你——《梦李白二首》……你再看看这些，赠李白、梦李白、怀李白、忆李白、寄李白……反正就是想李白，这些都是我的爱啊……

> 杜甫为李白作诗共计十五首，而李白回诗四首。

李白：老弟别激动啊，前边大家都说你是好男人了，总得给其他人留条出路不是？再说了，你忘了当年我们同吃同眠同行的友谊了吗？你忘了我的"思君若汶水，浩荡寄南征"了吗？忘了我们曾是大唐最闪亮的国民CP了吗？

174 笑死了！刷了1400年的大唐诗人朋友圈 2

大唐诗人微信群（498）

高适：哟，您怎么不说《赠孟浩然》《寄孟浩然》《送孟浩然》啊，还有《赠汪伦》《闻王昌龄左迁龙标遥有此寄》《闻丹丘子营石门幽居》啊！话说，你的良心不会痛吗？

杜甫：😠

王维：孟浩然在意的肯定是我呀！"当路谁相假，知音世所稀"呀！@孟浩然

孟浩然：🐸

李白：🐥

元稹：贵圈真乱！说到最佳"国民CP"，非我和白兄莫属啊！"君埋泉下泥销骨，我寄人间雪满头"，试问这样深情的诗，你们有吗？你们一起推动过"新乐府运动"吗？一起铸就了"元和体"吗？

> "君埋泉下泥销骨，我寄人间雪满头"，来自《梦微之》，白居易在元稹去世后所写。

番外篇：大唐诗人群之群主之争 175

大唐诗人微信群（498）

白居易
@元稹 死生契阔三十载，歌诗唱和九百章！我们一起科举及第，一起同朝为官，一起喝花酒，一起逛长安，一路扶持，一路相伴……啊，我们才是真正的"朋友一生一起走"！

柳宗元
我酸了，梦得快来。@刘禹锡

刘禹锡
自从有了你，世界变得好美丽，一起漂泊，一起流浪，岁月里全是醉人的甜蜜。子厚，么么哒！

> "皇恩若许归田去，晚岁当为邻舍翁"来自柳宗元《重别梦得》，两人许诺，晚年一起归隐。

柳宗元
"皇恩若许归田去，晚岁当为邻舍翁"，我和梦得可是要结伴终老的哟。

刘禹锡
为你写诗，为你整理遗稿，为你抚育幼子，为你做不可能的事！

韩愈
@刘禹锡@柳宗元 我不酸，真的。

孟郊
退之，你还有我呀，韩孟CP也很甜哦！

贾岛
卑微嗑糖。

五、唯好诗与美酒不可辜负

大诗姐：继续啊，怎么都不作声了，不是斗得挺欢乐的吗？

杜甫：是不是咱们前边说的话题太沉重，大家都喝酒解忧去了？🤔

李白：我说呢，酒可是个好东西呀。人生得意须尽欢，莫使金樽空对月。嗝，我醉了……

元丹丘：李白同学，我的大宝马和貂皮大衣呢？

李白：五花马，千金裘，呼儿将出换美酒！

元丹丘：我……不说了，互删感恩！😶

大诗姐：听说在大唐没有什么事是一杯酒解决不了的，如果有，那就两杯，是真的吗？

贺知章：比珍珠还真，和金龟一样的金玉良言。

> 李白《对酒忆贺监诗序》："太子宾客贺公，于长安紫极宫一见余，呼余为'谪仙人'，因解金龟，换酒为乐。"

番外篇：大唐诗人群之群主之争 177

大唐诗人微信群（497）

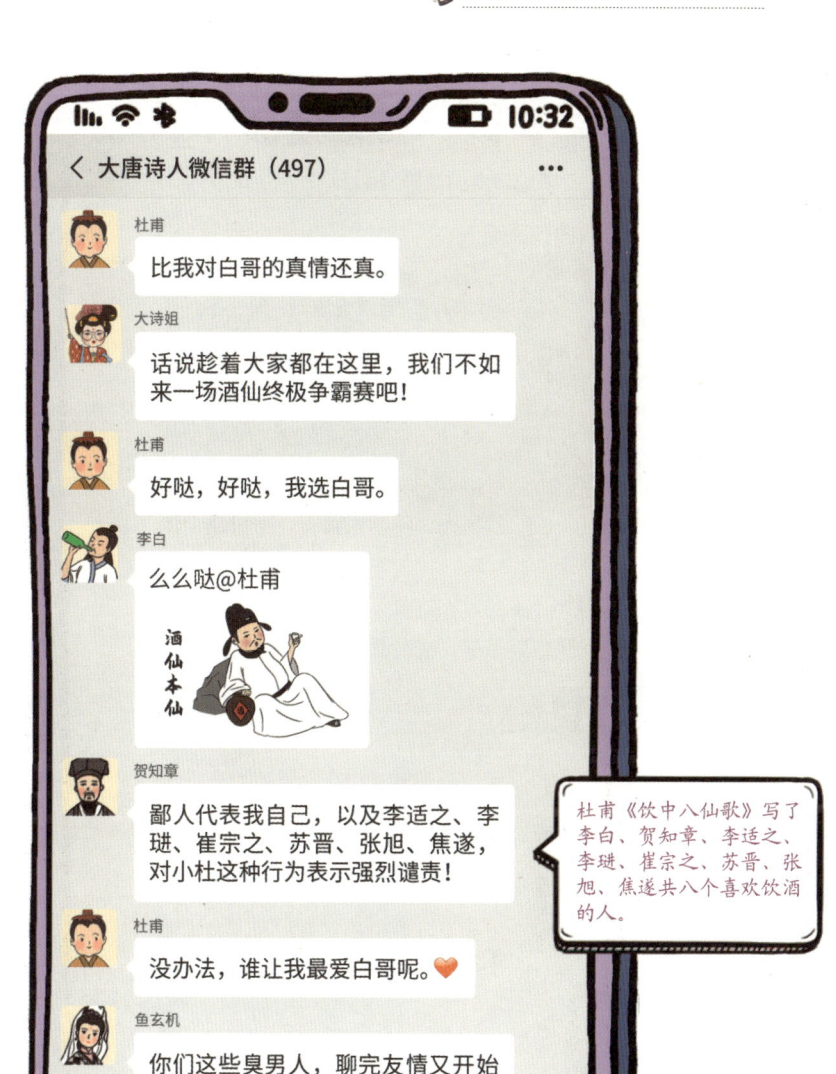

杜甫
比我对白哥的真情还真。

大诗姐
话说趁着大家都在这里，我们不如来一场酒仙终极争霸赛吧！

杜甫
好哒，好哒，我选白哥。

李白
么么哒@杜甫

酒仙本仙

贺知章
鄙人代表我自己，以及李适之、李琎、崔宗之、苏晋、张旭、焦遂，对小杜这种行为表示强烈谴责！

杜甫
没办法，谁让我最爱白哥呢。❤️

鱼玄机
你们这些臭男人，聊完友情又开始喝酒吹牛，告辞了我！

鱼玄机已退出群聊

> 杜甫《饮中八仙歌》写了李白、贺知章、李适之、李琎、崔宗之、苏晋、张旭、焦遂共八个喜欢饮酒的人。

王绩喜欢饮酒，一饮五斗，因为仰慕"五柳先生"陶渊明，遂自号"五斗先生"，还仿照《五柳先生传》写下了《五斗先生传》。

杜审言为人极为狂傲，曾有"吾文章当得屈、宋作衙官，吾笔当得王羲之北面"的言论。

大唐诗人微信群（497）

王绩
太白兄，说你是诗仙我没意见，至于酒仙嘛，"五斗先生"了解一下。

王勃
啥五斗先生，我只听过五柳先生。

王绩
没见识😄我就是那个一天喝酒五斗的男人。不要崇拜哥，哥只是个传说。

杜甫
爷爷，快来看，这个人比你还狂。

杜审言
谁敢比我狂？

贺知章
咦，狂人年年有，今年特别多。

李白
一天五斗算个啥，我可是"金樽清酒斗十千"的人。

王维
"新丰美酒斗十千"，me too！

贺知章
"知章骑马似乘船，眼花落井水底眠。"小杜还在诗里夸我了呢。

番外篇：大唐诗人群之群主之争　179

大唐诗人微信群（497）

李白
贺老，我看您真是喝醉了，小杜是说您老眼昏花掉井里了呢，哈哈！

孟浩然
私以为一生写下49首饮酒诗的我应该拥有姓名。

王昌龄
我觉着你最值得留名的是喝酒把自己喝死这件事。

孟浩然
还不都是你非要找我喝酒！😡

杜甫
那个，我有208首。

李白
250首 😎

白居易
我，诗2800，言饮者900首。

元稹
乐天，棒棒哒！

孟浩然
你们那都不算啥，喝酒喝的是境界！"一杯弹一曲，不觉夕阳沉"，多么有范儿！

> 《唐才子传·孟浩然传》："开元末，王昌龄游襄阳，时（孟浩然）新病起，相见甚欢，浪情宴谑，食鲜疾动而终。"

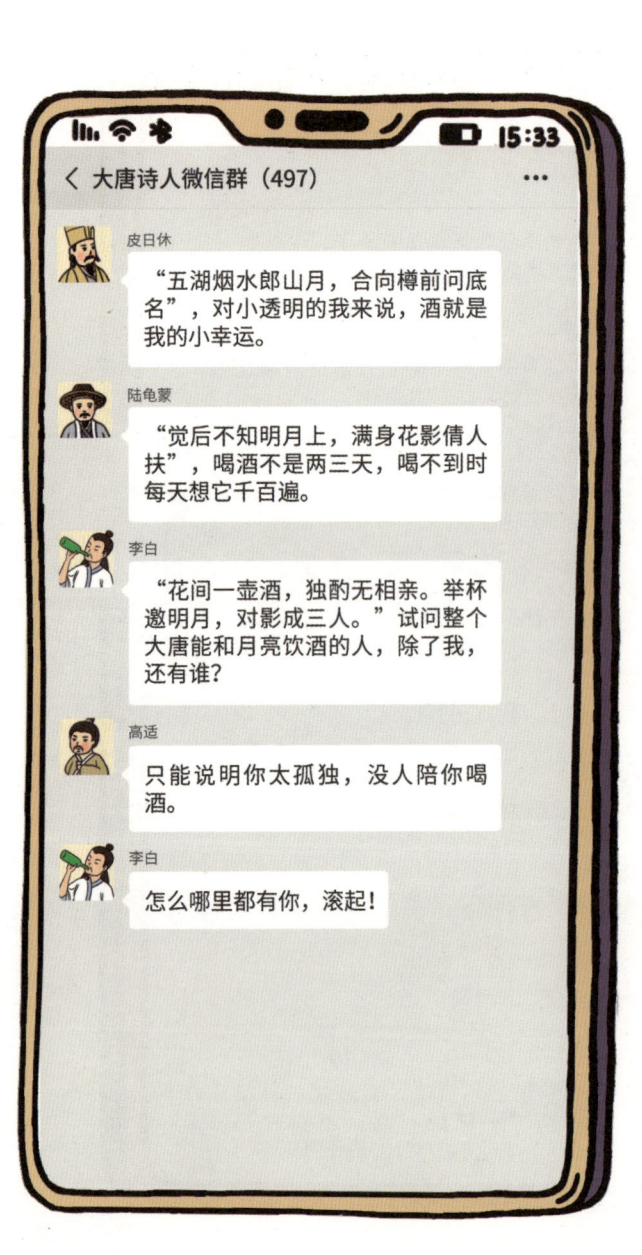

大唐诗人微信群（497）

皮日休
"五湖烟水郎山月,合向樽前问底名",对小透明的我来说,酒就是我的小幸运。

陆龟蒙
"觉后不知明月上,满身花影倩人扶",喝酒不是两三天,喝不到时每天想它千百遍。

李白
"花间一壶酒,独酌无相亲。举杯邀明月,对影成三人。"试问整个大唐能和月亮饮酒的人,除了我,还有谁?

高适
只能说明你太孤独,没人陪你喝酒。

李白
怎么哪里都有你,滚起!

六、当官还是归隐，这是一个问题

孟浩然：喝酒都能吵起来，没意思，我看群主这个位置我就不争了，还是回我鹿门山当隐士清净。

王维：浩然兄，我一直有个问题想问你，你有没有后悔当初写过《望洞庭湖赠张丞相》这首干谒诗？

> 孟浩然曾写过一首《望洞庭湖赠张丞相》，希求得到丞相张说的举荐。

孟浩然：兄弟，我也想问你，你一生都在做官，后人却称你为"诗佛"，不知你有没有点汗颜？

王维：我身在公门，心在山野，勉强算个佛系青年吧，说四大皆空也未尝不可……

旋转跳跃，我闭上眼

> 早年的王维对功名同样充满了热情与向往，在《不遇咏》中他写自己的抱负："济人然后拂衣去，肯作徒尔一男儿。"

孟浩然：四大皆空？前面群聊中你跟李白说的什么玉真公主，我都看到了……

大唐诗人微信群（497）

李白：五岳寻仙不辞远，一生好入名山游。仙人飘过……

高适：@李白 太白兄呀，咱能实诚点吗？你明明是求官不得，恼羞成怒，愤而要上天。🤭

李白：我说高侯爷，别说风凉话了成吗？那么爱说话，我被抓起来时你咋就一句话不说？！🥺

岑参：要说隐居，俺最服的还是卢藏用，终南捷径了解一下。

卢藏用：岑兄，谬赞谬赞。

岑参：想当年我也用过这招"以退为进"，咋就没有你那么好的效果呢？

卢藏用：岑兄，这可是有技巧的。

岑参：啥技巧，传授一下呗。

> "终南捷径"这个典故来自卢藏用。他想要入朝为官，便故意隐居在京城长安附近的终南山，借此得到名声，跻身官位。

番外篇：大唐诗人群之群主之争

大唐诗人微信群（497）

卢藏用：严格遵循"敌进我退，敌退我进"方略，坚持"距离产生美"和"不主动，等他主动"理念不动摇。

岑参：呃，有点抽象。

卢藏用：就比方说吧，皇帝要是在长安呢，我就在终南山隐居；皇帝要是到东都洛阳了，我就跑到嵩山隐居。坚定不移做皇帝最熟悉的陌生人。

岑参：[给跪了！]

白居易：要我说呀，大隐小隐，不如中隐。
大隐住朝市，小隐入丘樊。
丘樊太冷落，朝市太嚣喧。
不如作中隐，隐在留司官。
似出复似处，非忙亦非闲。
不劳心与力，又免饥与寒。

元稹：简直句句珠玑呀！白兄，你太棒了！

七、做诗人，梦想还是要有的

大唐诗人微信群（500）

"大诗姐"邀请"罗隐"、"李贺"、"鱼玄机"加入了群聊

大诗姐
各位大神，咱们这个群主之争也争了三天三夜了，要不咱们最后来个正能量一点的，每个人做个即兴演讲，谈谈自己的梦想，作为综合考评的附加项。

王绩
我先来，我的梦想是：余生，一知己，一杯酒，足矣。

> 王勃27岁就去世，可谓天妒英才。

王勃
我的梦想是：我真的还想再活五百年！

> 杨炯因不满"王杨卢骆"的排名，曾说："吾愧在卢（照邻）前，耻居王（勃）后。"

杨炯
我的梦想是：俺的名字能排到王勃前面。

宋之问
我的梦想是："年年岁岁花相似，岁岁年年人不同"能署上我的名字。

刘希夷
我的梦想是：宋之问能稍微要点脸。

李白
我的梦想很简单：做个仙人霸霸。

番外篇：大唐诗人群之群主之争　185

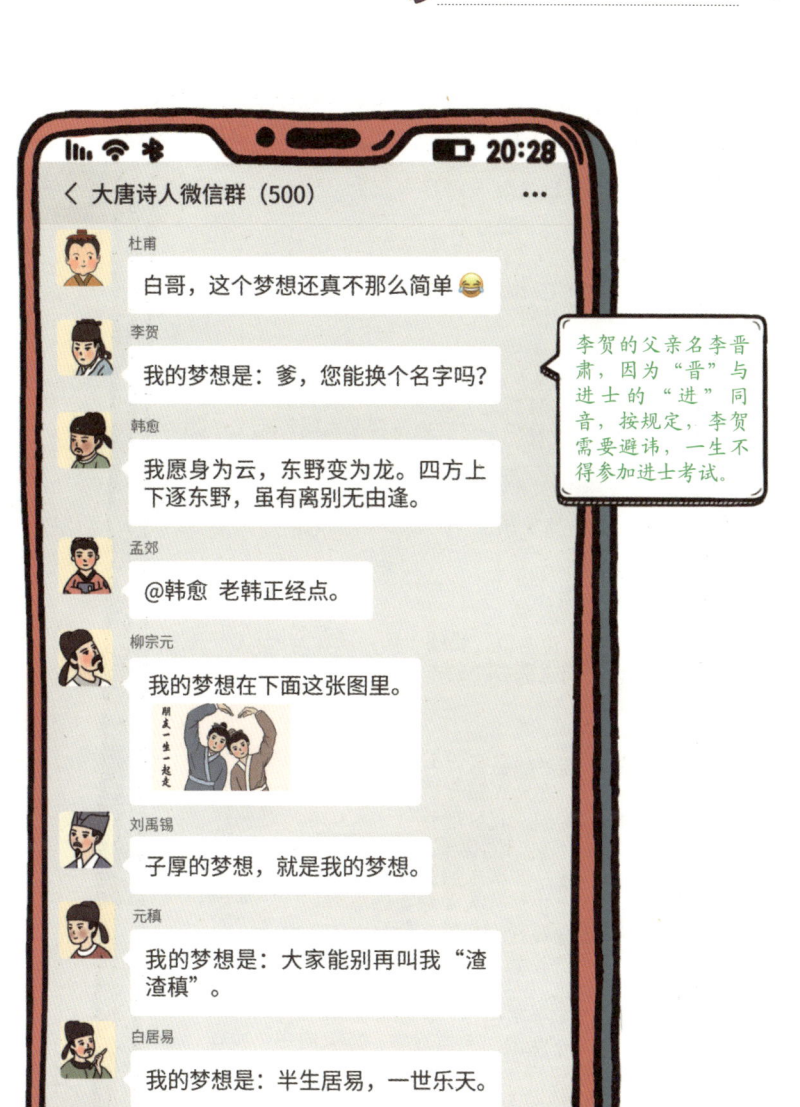

大唐诗人微信群（500）

杜甫：白哥，这个梦想还真不那么简单 😂

李贺：我的梦想是：爹，您能换个名字吗？

> 李贺的父亲名李晋肃，因为"晋"与进士的"进"同音，按规定，李贺需要避讳，一生不得参加进士考试。

韩愈：我愿身为云，东野变为龙。四方上下逐东野，虽有离别无由逢。

孟郊：@韩愈 老韩正经点。

柳宗元：我的梦想在下面这张图里。

刘禹锡：子厚的梦想，就是我的梦想。

元稹：我的梦想是：大家能别再叫我"渣渣稹"。

白居易：我的梦想是：半生居易，一世乐天。

杜牧：我的梦想是：永远风流，永远少年！

李商隐：我的梦想是：哪怕人间薄情，我要永远深情！

温庭筠：我的梦想是：求求大家别再把我的画像贴在门上了，真的很丢脸呀！

鱼玄机：我的梦想是：不求无价宝，但得有情郎。

大诗姐：各位各位，我插一句，注意导向，咱们这是选群主呢！

杜甫：我梦想着有一天，大唐的光辉能够再一次地光耀全世界，河清海晏，万国来朝。我梦想着有一天，人间再没有"朱门酒肉臭，路有冻死骨"的惨状。"稻米流脂粟米白，公私仓廪俱丰实"，人人都安居乐业，个个都笑逐颜开。我梦想着有一天，我年少时的抱负能够尽数施展，"会当凌绝顶，一览众山小"，"致君尧舜上，再使风俗淳"。我梦想着有一天，这个国家再没有战争，烽火再也不必连三月，家书再也不用抵万金，干净的阳光下，走动着新人。今天，我有一个梦想。我梦想着有一天，幽谷上升，高山下降，坎坷曲折之路成坦途，大唐的光芒，满照人间。

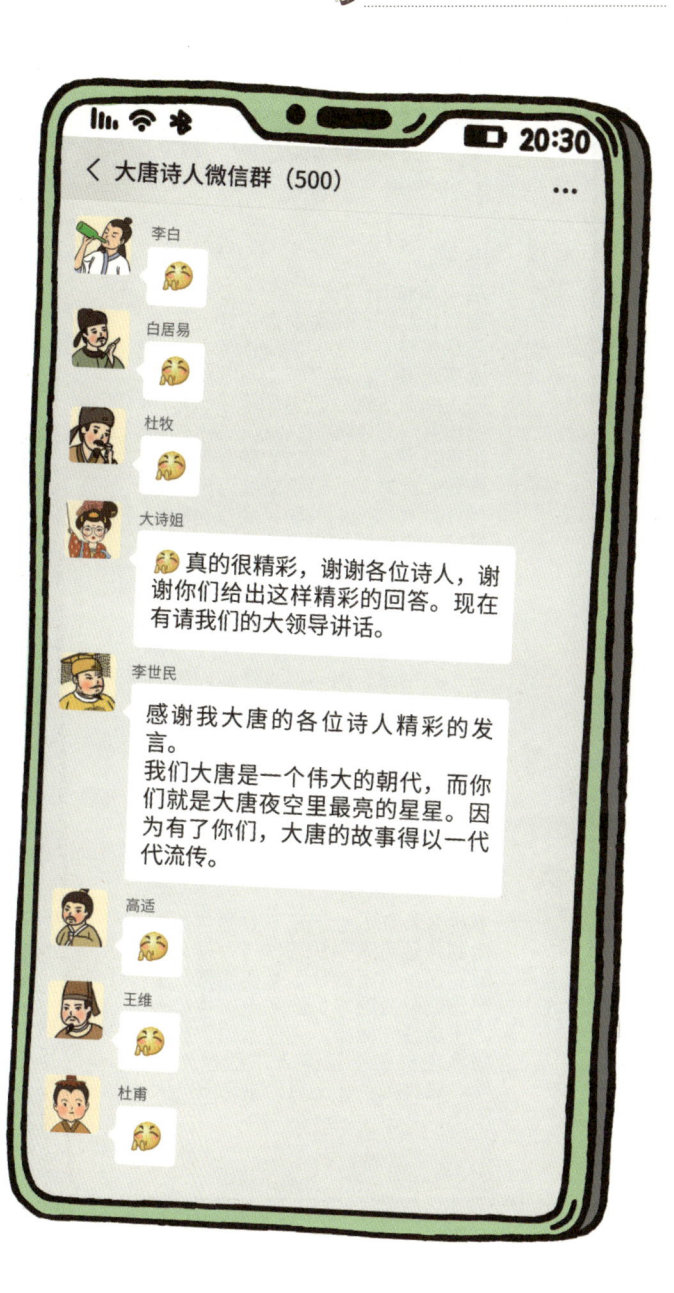

番外篇：大唐诗人群之群主之争　187

大唐诗人微信群（500）

李白

白居易

杜牧

大诗姐
真的很精彩，谢谢各位诗人，谢谢你们给出这样精彩的回答。现在有请我们的大领导讲话。

李世民
感谢我大唐的各位诗人精彩的发言。
我们大唐是一个伟大的朝代，而你们就是大唐夜空里最亮的星星。因为有了你们，大唐的故事得以一代代流传。

高适

王维

杜甫

大唐诗人微信群（500）

李世民
从"床前明月光"到"春眠不觉晓"，从"天生我材必有用，千金散尽还复来"到"国破山河在，城春草木深"，从"千山鸟飞绝，万径人踪灭"到"沉舟侧畔千帆过，病树前头万木春"，从"二十四桥明月夜，玉人何处教吹箫"到"春蚕到死丝方尽，蜡炬成灰泪始干"……我相信我们的唐诗会成为我们民族一个永远的文化符号，吟哦于我们的口中，融刻进我们的骨血。"造物无言却有情，每于寒尽觉春生。千红万紫安排著，只待新雷第一声"，去阅读、去吟哦、去倾听、去书写，唐诗便将在我们的心间又一次萌芽！

李白
领导讲得太对了，所以，最后的群主是？

李世民
急什么？你的性子还不收敛点？考虑到各位诗人平常创作压力很大，又有很多人还兼任着重要职务，想必你们分身乏术，群主嘛，也是一个服务性的岗位，我仔细想了想，怎么能让你们这些人才服务别人呢。这样吧，让玉真公主来服务大家吧！

番外篇：大唐诗人群之群主之争

大唐诗人微信群（497）

李白

杜甫

李白已退出群聊
杜甫已退出群聊
白居易已退出群聊
……

大诗姐：大家别着急退群啊，领导说了可以再建一个群，这个群是工作群，我们还有一个生活群的！还可以再来一轮的，我把二维码发出来你，大家一定要记得扫码啊！

大诗姐：扫一扫这个二维码，会有更多惊喜哟！

诗词世界

大唐诗人关系图

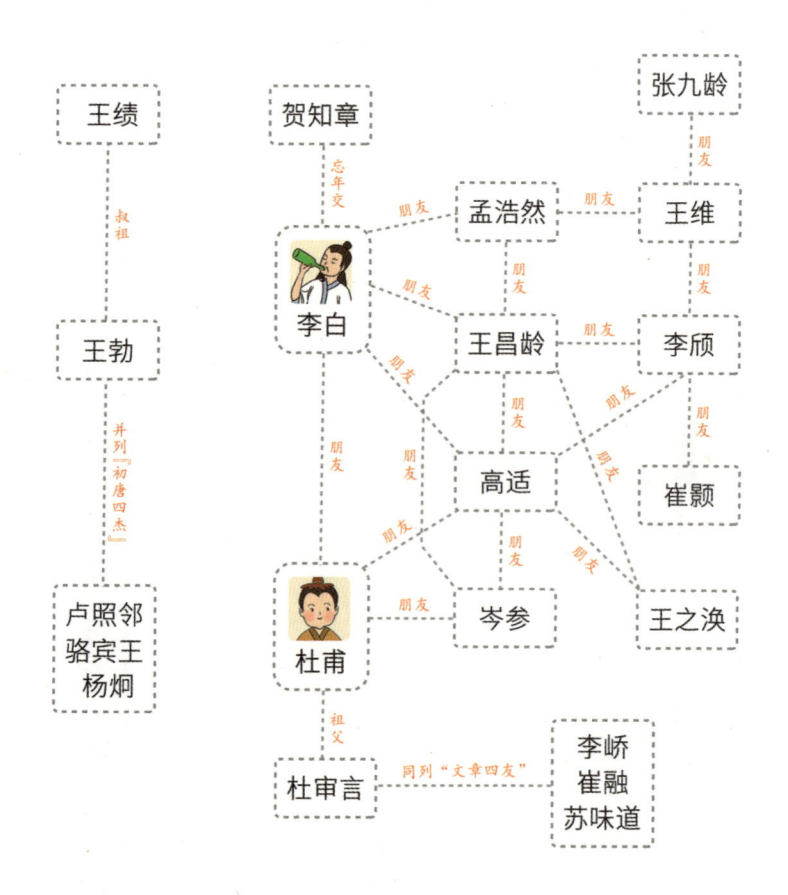

```
王绩                    贺知章
 │                       │忘年交
 │叔祖                    │
 │                      李白 ──朋友── 孟浩然 ──朋友── 王维 ──朋友── 张九龄
 │                       │    \         │朋友                │朋友
王勃                     │     \        │                   │
 │                       │      \      王昌龄 ──朋友── 李颀
 │并列"初唐四杰"          │朋友   \朋友   │朋友              │朋友
 │                       │        \    │                   │
卢照邻                   │         \   高适 ──朋友── 崔颢
骆宾王                   │朋友      \ /  │朋友
杨炯                     │          X   │
                        杜甫 ──朋友── 岑参 ──朋友── 王之涣
                         │祖父
                         │
                        杜审言 ──同列"文章四友"── 李峤
                                                崔融
                                                苏味道
```

初唐其他诗人：陈子昂、张若虚、刘希夷、宋之问、虞世南、上官仪、沈佺期

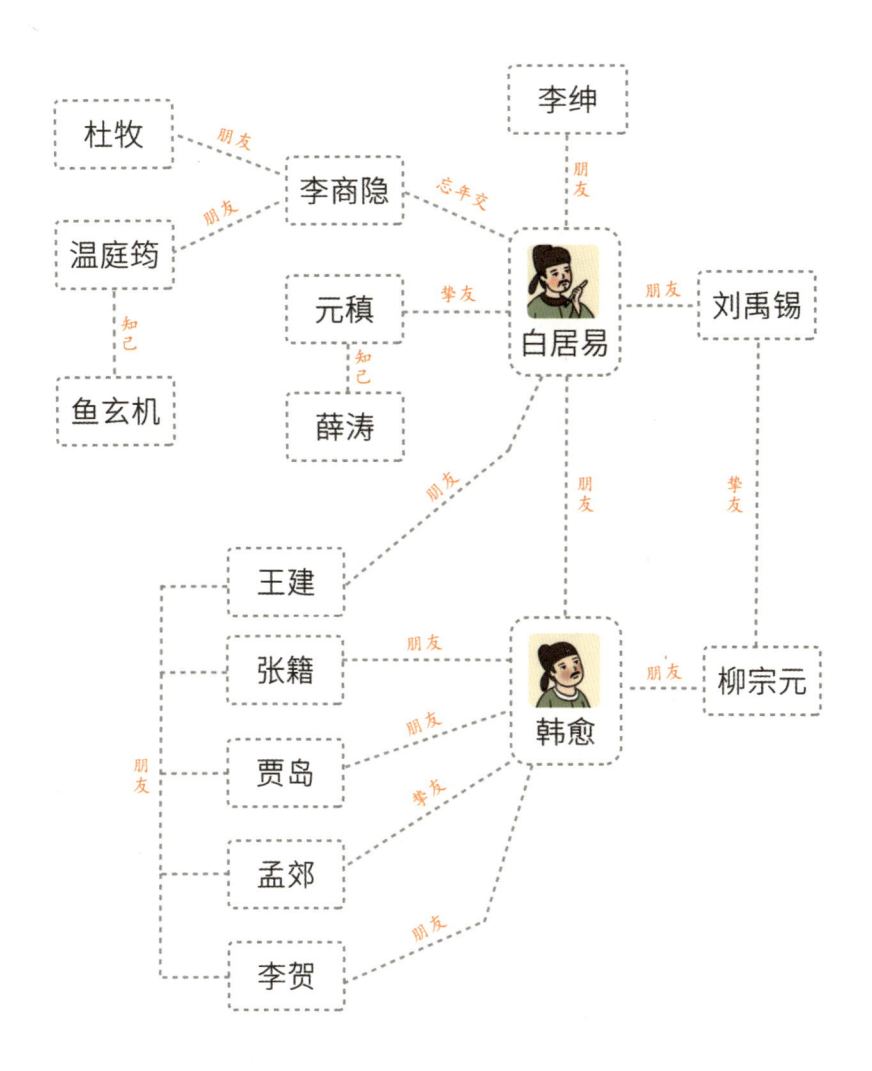

```
杜牧 ──朋友── ┐
              李商隐 ──忘年交── ┐
温庭筠 ──朋友── ┘                │        李绅
  │知己                          │         │朋友
鱼玄机                            │         │
         元稹 ──挚友── 白居易 ──朋友── 刘禹锡
              知己    │
         薛涛          │
                      │朋友
           ┌──朋友────┤
        王建            │
        张籍 ──朋友── 韩愈 ──朋友── 柳宗元
        贾岛 ──朋友────┤        挚友
        孟郊 ──挚友────┤
        李贺 ──朋友────┘
```

参考文献

1. 刘昫, 等. 旧唐书. 北京:中华书局, 1975.
2. 宋祁, 欧阳修. 新唐书. 北京:中华书局, 1975.
3. 司马光. 资治通鉴. 北京:中华书局, 2011.
4. 章培恒, 安平秋, 马樟根. 唐才子传选译. 南京:凤凰出版社, 2017.
5. 蔡东藩. 唐史演义. 北京:中国画报出版社, 2014.
6. 李昉, 等. 太平广记. 北京:中华书局, 2020.
7. 阮阅, 周本淳. 诗话总龟. 北京:人民文学出版社, 1987.
8. 计有功. 唐诗纪事. 上海:上海古籍出版社, 2013.
9. 傅璇琮. 唐代诗人丛考. 北京:中华书局, 1980.
10. 李白. 李太白全集. 王琦, 校. 北京:中华书局, 2014.
11. 莫砺锋. 杜甫评传. 南京:南京大学出版社, 2019.
12. 刘文典. 杜甫年谱. 昆明:云南人民出版社, 2013.
13. 高适. 高适集校注. 孙钦善, 校注. 上海:上海古籍出版社, 2019.
14. 王维. 王摩诘诗集. 上海:上海古籍出版社, 2000.
15. 张清华. 王维年谱. 上海:学林出版社, 2000.
16. 孟浩然. 孟浩然集. 阮堂明, 李云解, 评. 太原:山西古籍出版社, 2008.
17. 刘先勇. 先秦两汉魏晋南北朝文论讲疏. 成都:四川出版集团, 巴蜀书社, 2011.
18. 陈克明. 韩愈年谱及诗文系年. 成都:巴蜀书社, 1999.
19. 李长之. 韩愈传. 北京:北京联合出版公司, 2019.
20. 刘小川. 品中国文人·圣贤传. 上海:上海文艺出版社, 2019.
21. 董乃斌. 锦瑟哀弦:李商隐传. 北京:作家出版社, 2015.
22. 张锐强. 诗剑风流:杜牧传. 北京:作家出版社, 2015.